Das kleine Anti-Wut-Buch

Rita Steininger

Das kleine Anti-Wut-Buch

Für Eltern und Kinder

Patmos Verlag

VERLAGSGRUPPE PATMOS

PATMOS
ESCHBACH
GRÜNEWALD
THORBECKE
SCHWABEN

Die Verlagsgruppe
mit Sinn für das Leben

Für die Schwabenverlag AG ist Nachhaltigkeit ein wichtiger Maßstab ihres
Handelns. Wir achten daher auf den Einsatz umweltschonender Ressourcen
und Materialien.

Bibliografische Information der Deutschen Nationalbibliothek
Die Deutsche Nationalbibliothek verzeichnet diese Publikation
in der Deutschen Nationalbibliografie;
detaillierte bibliografische Daten sind im Internet über
http://dnb.d-nb.de abrufbar.

Umschlaggestaltung: Finken & Bumiller, Stuttgart
Druck: GGP Media GmbH, Pößneck
Hergestellt in Deutschland
ISBN 978-3-8436-0556-4 (Print)
ISBN 978-3-8436-0557-1 (eBook)

Für Andreas, Bernhard und Karina

Inhalt

Einleitung

»Wir verstehen dich, wirklich! Aber bitte hör auf, so wütend zu sein!« So bringt der dänische Familientherapeut Jesper Juul die Haltung von vielen Eltern, Erzieherinnen und Pädagogen gegenüber aggressiven Kindern und Jugendlichen auf den Punkt. Und fügt hinzu: »Das macht *mich* wütend!«[1]

Kindliche Wut und Aggressionen als nicht legitime, inakzeptable Emotionen abzulehnen, ist in den Augen Jesper Juuls ein fataler Fehler. Kinder müssen lernen, ihre Wut- und Aggressionsgefühle konstruktiv und kreativ zu nutzen, damit sie als Erwachsene fähig sind, an einer gewaltfreien Welt mitzuwirken. Doch genau das wird ihnen durch eine übertrieben sanfte Erziehung schwer gemacht. Die meisten Eltern wünschen sich liebe und brave Kinder und streben daher einen Idealzustand an, in dem unliebsame Gefühlsäußerungen wie Wut und Aggressionen keinen Platz haben. Sie versuchen, Konflikte auf milde Weise zu lösen – durch wortreiche, betont freundliche Erklärungen, die jedoch die Gefühle und Motive des Kindes häufig außer Acht lassen. Damit bewirken sie, dass sich das Kind mit seinen Gefühlen verunsichert und unverstanden fühlt.

Kinder brauchen Verständnis und Hilfe von ihren Eltern und anderen Erwachsenen, damit sie mit ihren heftigen Gefühlen umgehen lernen. Statt Wut und Aggressionen zu unterbinden, ist es wichtig, dass die Erwachsenen auf diese Gefühle eingehen und sie in konstruktive Bahnen lenken, bevor sie zerstörerische Formen annehmen.

In diesem Sinn ist dieses *kleine Anti-Wut-Buch* zu verstehen, das in drei Teile gegliedert ist. Teil 1 widmet sich den theoretischen Grundlagen: Woher kommen Wut und Aggressionen? Welche Rolle spielen sie in der Entwicklung des Kindes? Welche Umwelteinflüsse sind dabei von Bedeutung? Teil 2 bietet praktische

Anregungen, Spiele und Übungen zum Umgang mit Wut und Aggressionen, die sich leicht in den Alltag integrieren lassen. Teil 3 wendet sich an Sie als Eltern und beschreibt, was Sie für sich selbst tun können, wenn Sie bei Wutanfällen Ihres Kindes aus der Fassung geraten und die Situation zu eskalieren droht.

Bitte beachten Sie: Der Fokus dieses Buchs liegt auf Wut und Aggressionen, die zur normalen Entwicklung eines Kindes gehören. Das Buch geht weder auf psychische Störungen von Kindern noch auf die seelischen Folgen von Misshandlung und Vernachlässigung ein. Denn diese Probleme bedürfen in jedem Fall professioneller Hilfe, die dieses Buch nicht bieten kann.

Ich möchte Sie mit diesem Buch ermutigen, Gefühle wie Wut und Aggressionen im Erziehungsalltag mit Ihren Kindern zuzulassen und konstruktiv zu nutzen. Dabei wünsche ich Ihnen Motivation, Optimismus und gutes Gelingen.

Rita Steininger

Teil 1
Wie Wut und Aggressionen bei Kindern entstehen: mögliche Ursachen

I. Wissenschaftliche Theorien

Seit Jahrzehnten befasst sich die Wissenschaft mit der Frage, welche Ursachen von Wut und Aggressionen es gibt. Je nach Wissenschaftszweig und Forschungsmethode sind dabei verschiedene Theorien entstanden, die entweder biologisch, soziologisch oder psychologisch begründet sind. Einige dieser Theorien sollen im Folgenden kurz vorgestellt werden.

Wut und Ärger als Grundemotionen

Woher kommt die Wut und an welchen Anzeichen erkennt man sie? Auf diese Frage hat der amerikanische Psychologe und Affektforscher Paul Ekman eine interessante Antwort geliefert. Er fand in mehr als 40-jähriger Forschungsarbeit heraus, dass es sogenannte Grundemotionen gibt, die in allen Kulturen der Welt übereinstimmend ausgedrückt und erkannt werden: Trauer und Verzweiflung, Ärger und Wut, Überraschung und Angst, Ekel und Verachtung sowie positive Emotionen wie Freude und Zufriedenheit.[2]

Als Anzeichen von Wut seien zum Beispiel gesenkte Augenbrauen, angespannte Unterlider und ein stechender Blick zu deuten. Gefühle von Verachtung oder Geringschätzung ließen sich an der Anspannung eines Mundwinkels erkennen.

Gesichtsausdrücke, die die genannten Grundemotionen widerspiegeln, sind aus Ekmans Sicht demnach angeboren, nicht kulturell erlernt. Sie bilden eine Art emotionale Basisausstattung des Menschen, unabhängig davon, in welchem Teil der Welt er lebt und welcher Kultur oder ethnischen Gruppe er angehört.

Erbe oder Umwelt?

Betrachtet man Wut und Ärger als »Motor« von Aggressionen, so lässt Ekmans Theorie den Schluss zu, dass Aggressionen zumindest zum Teil angeboren sind.

Tatsächlich wurde in der Verhaltensforschung die Theorie aufgestellt, dass ein Kind bereits mit einem Aggressionstrieb zur Welt kommt. So glauben manche Wissenschaftler, dass Menschen – genauso wie Tiere – einen angeborenen Kampftrieb besitzen, der bei Konflikten zur Selbstverteidigung dienen soll.[3]

Andere Wissenschaftler vertreten die Ansicht, aggressives Verhalten werde durch Nachahmung erlernt. So haben Forscher beobachtet, dass in manchen Kulturen ein wesentlich höheres Maß an Aggressivität als normal gilt als etwa in unserer Gesellschaft.

Eine weitere Theorie besagt, dass Wut, Ärger und Aggressionen durch Frustration, Enttäuschungen und die daraus entstehenden Selbstwertprobleme ausgelöst werden.

Die meisten Wissenschaftler stimmen heute darin überein, dass jegliches Verhalten des Menschen sowohl eine genetische Grundlage hat als auch durch Umwelteinflüsse geformt wird (siehe auch die nachfolgenden Kapitel in Teil 1 dieses Buchs).

Unzureichend erfüllte Bedürfnisse

Ein weiteres Erklärungsmodell hat der US-amerikanische Psychologe Abraham Maslow (1908–1970), der Begründer der Humanistischen Psychologie, geliefert. Er sieht unzureichend erfüllte Bedürfnisse als Ursachen von Aggressionen an.[4] Um nur drei Bedürfnisse als Beispiele zu nennen:

- *Zuwendung:* Kinder brauchen Eltern, die Zeit für sie haben und sich ihnen liebevoll zuwenden.
- *Förderung:* Kinder brauchen Raum und Zeit, um im Spiel ihre Fähigkeiten zu entfalten. Ebenso brauchen sie Zuspruch und Ermutigung der Eltern, um Selbstvertrauen zu entwickeln.

- *Halt:* Kinder brauchen Eltern, an deren Beispiel sie sich orientieren können, die ihnen Grenzen setzen und ihnen helfen, ihren Platz in der Gesellschaft zu finden.

Werden diese und weitere Bedürfnisse nicht ausreichend erfüllt, so entstehen laut Maslow Wut und Aggressionen.

Warum Wut und Aggressionen sinnvoll sind

Wut und Aggressionen sind jedoch keinesfalls nur negativ zu werten. Denn grundsätzlich haben sie eine sehr sinnvolle Funktion: Sie befähigen uns, unsere Interessen gegenüber anderen Menschen durchzusetzen. Sie ermöglichen, uns vor schlechter Behandlung zu schützen. Diese Aspekte kommen schon in der ursprünglichen Bedeutung des Wortes Aggression zum Ausdruck: Das lateinische Wort »aggredere« bedeutet so viel wie »herangehen« oder »vorwärtsschreiten«. Wut und Aggressionen lassen sich demnach als »treibende Kräfte« interpretieren.

So sind auch die Zornesausbrüche von Kindern zu verstehen. Mit einer Wutattacke wehrt sich das Kind gegen eine Situation, die es als unannehmbar empfindet. Es setzt alle Energie ein, um eine Veränderung zu bewirken. Wut als produktive Kraft zu entdecken, ist also ein wichtiger Teil der kindlichen Entwicklung.

Abgesehen davon haben Aggressionen eine spielerische Funktion. Kinder ahmen in Rollenspielen gern starke und mächtige Heldenfiguren wie Ritter, Zauberer oder Superman nach. Diese spielerischen Kraftproben dienen unter anderem dazu, soziale Kontakte herzustellen und zu festigen.

Solange sich Aggressionen in sozialverträglicher Form äußern, ist also nichts dagegen einzuwenden. Wenn Wut und Aggressionen jedoch zerstörerische Formen annehmen und dabei die Gefahr besteht, dass Menschen körperlich oder seelisch verletzt werden, ist es wichtig, dagegen einzuschreiten. Solche Aggressionen müssen aufgefangen und in konstruktive Bahnen gelenkt werden.

2. Entwicklungsphasen

Erfahrene Eltern können es bestätigen: Die Entwicklung von Kindern verläuft nicht immer geradlinig und gleichmäßig, sondern ist von Höhen und Tiefen gekennzeichnet. So liegt es nahe, dass Wut und Aggressionen in den verschiedenen Lebensabschnitten mal mehr, mal weniger heftig auftreten und sich in unterschiedlichen Formen äußern können.

Kleinkinder

Im Alter zwischen ein und zwei Jahren beginnt bei den meisten Kindern eine Zeit, die ihre Eltern als besonders anstrengend erleben: die sogenannte Trotzphase. Plötzlich wird aus einem wonnigen Kleinkind ein schreiendes Wutbündel, das selbst den geduldigsten Eltern den letzten Nerv rauben kann.

Der Begriff »Trotz« trifft indessen nicht wirklich zu. Denn hinter Trotz steckt normalerweise eine Absicht – die ein Kind in diesem Alter noch gar nicht haben kann. Pädagogen sprechen deshalb korrekterweise von der »Autonomiephase« oder von »kindlichem Unabhängigkeitsstreben«.

Tatsächlich liegt genau hier die Ursache für das Aufbegehren des Kindes: Es hat erstmals entdeckt, dass es einen eigenen Willen hat, doch jedes Mal, wenn es ihn durchsetzen will, stößt es an Grenzen. Dass es bestimmte Dinge nicht haben darf, weil sie zu gefährlich sind – z. B. Messer, Säge, Feuerzeug –, sieht ein Kleinkind eben noch nicht ein. Umso größer ist sein Frust, wenn ihm solche reizvollen Objekte weggenommen werden. Ebenso frustrierend ist für das Kind die Erfahrung, dass es viele Tätigkeiten vorerst nicht ohne fremde Hilfe meistern kann: eine Schublade öffnen, eine Jacke zuknöpfen, ein Haus aus Bauklötzen bauen.

So macht das Kleinkind immer wieder die schmerzliche Erfahrung, dass seinem Willen Grenzen gesetzt sind. Und weil es noch nicht in der Lage ist, Frust und Ärger wegzustecken, entladen sich seine aufgestauten Gefühle in einem Wutanfall.

Doch nicht nur gegen die Eltern und andere Erwachsene richten sich die Wutanfälle des Kleinkinds. Auch die Spielgefährten in der Krabbelgruppe, der Kita oder auf dem Spielplatz können schon mal zur Zielscheibe von Wut und Aggressionen werden. Meist geht es dabei um Besitzverhältnisse: Kleinkinder tun sich schwer damit, ihre Sachen mit anderen Kindern zu teilen, weil ihnen noch das Verständnis dafür fehlt, dass Teilen nicht zwangsläufig mit Verlust verbunden ist. Deshalb verteidigen sie ihren Besitz mit allen Mitteln: durch Hauen, Schubsen, Rempeln und Beißen. Dieses Verhalten hat ebenso wenig mit böswilliger Absicht zu tun wie das vermeintlich »trotzige« Aufbegehren.

Wie Sie Ihrem Kleinkind helfen können, mit Frust und überschießenden Gefühlen fertigzuwerden, erfahren Sie in Teil 2, Kapitel 1, dieses Buchs.

Kindergartenkinder

Auch in der Kindergartenzeit durchlaufen viele Kinder Phasen, in denen sie sich impulsiv und angriffslustig gebärden. Das betrifft vor allem Jungen und hängt offenbar mit dem männlichen Hormon Testosteron zusammen, das die Aggressivität erhöht. Wissenschaftliche Studien belegen jedenfalls, dass der Testosteronspiegel nicht erst in der Pubertät eine Rolle spielt, wenn sich ein Junge körperlich zum Mann entwickelt. Schon im Kindergartenalter macht sich das Testosteron im Verhalten bemerkbar.[5] Jungen bevorzugen im Gegensatz zu Mädchen körperbetonte Spiele, bei denen sie toben, rennen und rangeln können. Ruhige, feinmotorische Tätigkeiten wie Malen und Basteln – für die Kindergärten in der Regel vorbildlich eingerichtet sind – sprechen die Jungen dagegen meist weniger an.

Wichtig: Sind Aggressionen jungentypisch?

In unserer Gesellschaft herrscht im Allgemeinen die Ansicht vor, dass Mädchen von ihren genetischen Anlagen her weniger zu Aggressionen neigen als Jungen. In der Wissenschaft ist dieser Standpunkt umstritten.

Einig sind sich die Experten nur in der Einschätzung, dass Jungen wesentlich öfter zu physischen Attacken übergehen als Mädchen. Dabei haben solche Aggressionen in erster Linie die Funktion, Macht und Kontrolle über andere zu gewinnen. Sie richten sich daher meistens gegen gleichgeschlechtliche Kinder, mit der Folge, dass Jungen häufiger selbst Opfer physischer Attacken werden als Mädchen.

Mädchen zeigen andere Formen von Aggressionen. Sie greifen gleichaltrige Kinder eher verbal an – durch Spott, Beleidigungen, Herabsetzungen. Ihre Attacken richten sich sowohl gegen Mädchen als auch gegen Jungen.

Wann und wie Sie bei Aggressionen von Jungen und Mädchen eingreifen sollten, erfahren Sie in Teil 2, Kapitel 2.

Ein anderes Phänomen, das Eltern von Kindergartenkindern nur zu gut kennen: Plötzlich fängt der bisher so liebe Nachwuchs an, mit Schimpfwörtern und Kraftausdrücken nur so um sich zu werfen. Und je mehr die Erwachsenen dies zu unterbinden versuchen, desto größer wird der Reiz von Schimpfwörtern.

Die Erklärung dafür liegt auf der Hand: Das Kind merkt, dass es mit seiner unfeinen Ausdrucksweise Wirkung erzielt. Ein lautstark herausgeschleudertes Wort wie »Blödmann« oder »Arschloch« erregt unweigerlich die Aufmerksamkeit der Erwachsenen und anderer Kinder. Plötzlich steht das Kind im Mittelpunkt – und genießt es.

Schimpfwörter haben noch eine andere Funktion: Sie helfen, angestautem Ärger Luft zu machen – hier geht es Kindern nicht viel anders als Erwachsenen. Umso wichtiger ist es, dass sie lernen, akzeptable Schimpfwörter von unannehmbaren zu unterscheiden. Tipps dazu finden Sie in Teil 2, Kapitel 2.

Schulkinder

Das Grundschulalter gilt im Allgemeinen als eine Zeit, in der Kinder relativ umgänglich und »pflegeleicht« sind. Die Schwierigkeiten der Autonomiephase (Trotzphase) sind überstanden, die Turbulenzen der Pubertät liegen noch in einiger Ferne. Doch auch die Zeit zwischen Schuleintritt und beginnendem Teenageralter ist nicht völlig frei von Aggressionen und Konflikten.

Kennzeichnend für die Entwicklung der Sechs- bis Zwölfjährigen ist eine deutliche Abgrenzung vom anderen Geschlecht. Das zeigt sich nicht nur daran, dass die verliebte Hinwendung zum andersgeschlechtlichen Elternteil verschwunden ist, die für das Kindergartenkind charakteristisch war. Vor allem zwischen den Jungen und Mädchen findet nun eine deutliche Abgrenzung statt. Die Zeiten sind passé, in denen Jungen und Mädchen friedlich miteinander im Sandkasten spielten. Stattdessen finden sich die Kinder nun in gleichgeschlechtlichen Grüppchen zusammen, in denen sie alterstypische Kämpfe ausfechten. Es geht dabei vorwiegend um Status und Rollen: Wer hat in der Gruppe das Sagen, wer muss sich unterordnen? Je nach Geschlecht wird mit unterschiedlichen Methoden gekämpft: Mädchen bedienen sich, wie bereits erwähnt, vorwiegend verbaler Waffen, während Jungen eher handfest zur Sache gehen.

Jugendliche

Mit etwa zwölf Jahren beginnt bei Kindern gewöhnlich die Phase, der die meisten Eltern mit Bangen entgegensehen: die Pubertät. Neben beträchtlichen Stimmungsschwankungen zeigt der Nachwuchs nun öfter Verhaltensweisen, die seine Eltern zur Verzweiflung bringen können: Er nörgelt und widerspricht, provoziert und rebelliert – kurzum, er verbreitet Chaos und Missstimmung, wo immer er auftaucht. Dass Streitigkeiten zwischen Eltern und Kindern nun an der Tagesordnung sind, dürfte daher nicht weiter verwundern. Dabei dient das betont provokante, manchmal regelrecht aggressive Auftreten meist nur dazu, Gefühle der Unsicherheit und Verletzlichkeit zu überdecken, denen sich der Jugendliche ausgeliefert sieht.

Für die Eltern dürfte diese Erklärung kaum ein Trost sein. Denn abgesehen von den verbalen Angriffen ihres Teenagers tauchen Fragen auf, die vielen große Sorge bereiten: Warum benimmt sich mein Kind nur so leichtsinnig? Warum schlägt es alle noch so gut gemeinten Ratschläge in den Wind? Wo sind nur seine Vernunft und Einsicht geblieben?

Diese Phase ist für viele Eltern wohl die größte Hürde, die sie bei ihrer Erziehungsaufgabe zu meistern haben. Doch mit Geduld und Verständnis können sie ihrem heranwachsenden Kind helfen, die Turbulenzen dieser Umbruchphase gut zu überstehen (siehe Teil 2, Kapitel 3).

Wichtig: Gefühle reifen langsamer als Intelligenz

Wissenschaftler der Temple University in Philadelphia (USA) haben vor einigen Jahren die kognitiven und emotionalen Fähigkeiten von 1000 Probandinnen und Probanden im Alter zwischen zehn und 30 Jahren untersucht. Sie kamen dabei zu dem Ergebnis, dass die emotionale Entwicklung beim Menschen gewöhnlich länger dauert als die Entwicklung der Intelligenz, die bereits mit etwa 16 Jahren abgeschlossen ist.[6] Daraus lässt sich folgern, dass Jugendliche zwar über die geistigen Voraussetzungen für überlegte Entscheidungen verfügen, es ihnen jedoch oft an emotionaler Reife fehlt, um impulsives Verhalten zu kontrollieren oder die Risiken problematischer Entscheidungen einzusehen. Das geflügelte Wort vom »jugendlichen Leichtsinn« ist damit wissenschaftlich bestätigt.

3. Die Rolle der Erziehung

Wie die vorigen Kapitel gezeigt haben, durchleben Kinder in verschiedenen Altersstufen ein emotionales Auf und Ab. Doch das hängt nicht allein mit einzelnen Entwicklungsphasen – wie etwa der Autonomiephase – zusammen. Wut und Aggressionen können auch etwas mit dem Erziehungsstil der Eltern zu tun haben.

Wutattacken ignorieren ...

Ein Auslöser von Wut und Aggressionen kann beispielsweise ein allzu nachgiebiger Erziehungsstil der Eltern sein. In diesem Fall versucht das Kind, die Eltern mit seinem aggressiven Verhalten gezielt zu provozieren, um ihnen eindeutige Reaktionen zu entlocken. Es testet, ob seine Eltern selbst dann zu ihm stehen, wenn es mal gehörig über die Stränge schlägt. Deshalb hilft es nichts, das unliebsame Verhalten des Kindes zu ignorieren in der Hoffnung, dass diese Phase bald vorübergeht. Das Kind würde diese Laisser-faire-Haltung der Eltern als Gleichgültigkeit auffassen – wenn nicht sogar als Aufforderung, mit seinem störenden Verhalten weiterzumachen.

... oder bestrafen?

Umgekehrt sind Schimpfen und Strafen keine geeigneten Mittel, das Kind zur Raison zu bringen – ganz zu schweigen von körperlicher und seelischer Gewalt wie Härte, Lieblosigkeit und körperlicher Züchtigung (die per Gesetz verboten ist).

Schimpfen und Strafen bewirken meist das Gegenteil dessen, was die Eltern erreichen wollen: Das Kind verstärkt sein negatives

Verhalten, weil es keine andere Möglichkeit sieht, genügend Aufmerksamkeit zu bekommen. Denn genau darum geht es ihm: Es möchte von seinen Eltern wahrgenommen werden. Solange es das Gefühl hat, dies durch kooperatives Verhalten nicht zu erreichen, wird es sich immer wieder »danebenbenehmen«, nach dem Motto: »Negative Aufmerksamkeit ist besser als gar keine.«

Haben Sie dennoch den Eindruck, dass Ihr Kind trotz ständiger Ermahnungen erst dann auf Sie hört, wenn Sie mit ihm schimpfen oder es bestrafen? Dann liegt es vielleicht daran, dass Sie Ihre Wünsche oder Aufforderungen nicht klar genug äußern: Es fehlt der Blick- und Körperkontakt. Achten Sie immer darauf, dass Sie Ihr Kind erst anschauen, eventuell auch bei den Händen oder Schultern fassen, bevor Sie ihm sagen, was Sie von ihm möchten. So werden Ihre Worte nicht nur besser gehört, sondern in der Regel auch besser befolgt.

Nun gibt es allerdings auch Situationen, in denen das Kind derart aus der Rolle fällt, dass es so aussieht, als sei es nur noch mit handfester Gewalt zur Vernunft zu bringen. Lassen Sie sich dennoch nicht einreden, Schläge seien eine notwendige pädagogische Maßnahme und eine Ohrfeige habe »noch keinem Kind geschadet«. Schläge verletzen und demütigen das Kind und erzeugen damit nur neue Aggressionen. Und sie sind wie gesagt gesetzlich verboten.

Zu Schimpfen und Strafen oder einem allzu nachgiebigen Erziehungsstil gibt es nur eine effektive und sinnvolle Alternative: dem Kind klare Grenzen zu setzen. Wie das geht, erfahren Sie in Teil 2, Kapitel 5.

Wichtig: Effektives Elterntraining
Selbst mit besonders schwierigen Erziehungssituationen können Eltern umgehen lernen – und es lohnt sich. Das zeigt eine Studie, die Prof. Dr. Friedrich Lösel von der Universität Erlangen-Nürnberg mit Eltern und deren Kindern im Kindergartenalter über mehrere Jahre durchgeführt hat. Ein Teil der

Probanden hatte zuvor am Förderprogramm EFFEKT® teilgenommen, das aus verschiedenen Eltern- und Kinderkursen besteht und sowohl einzeln als auch in Kombination angewendet werden kann.[7] Im Elterntraining lernen die Erwachsenen die Grundlagen positiver Erziehung kennen und üben den Umgang mit schwierigen Erziehungssituationen. Die Kinderkurse wiederum haben zum Ziel, die soziale Kompetenz der Kinder zu verbessern. Als Ergebnis der Untersuchung stellte sich heraus, dass Kinder deutlich weniger Verhaltensprobleme zeigten, wenn sie selbst und/oder ihre Eltern zuvor an einem solchen Training teilgenommen hatten.

Geschwisterrivalitäten

Wut und Aggressionen des Kindes können sich auch bei Auseinandersetzungen mit einem Geschwisterkind entladen. Und das geschieht gewöhnlich viel häufiger als es bei Konflikten mit den Eltern der Fall ist. Oft steckt hinter den Rangeleien Eifersucht: Die Geschwister rivalisieren um die Liebe und Zuwendung der Eltern.

Doch weil Eltern die Streitigkeiten ihrer Kinder als störend empfinden, versuchen sie häufig, den Streit zu unterbinden – oft mit dem mahnenden Hinweis: »Seid lieb zueinander!« Bei den Kindern kann das den Eindruck erwecken, dass Streiten etwas »Böses« sei.

Eine weitere typische Elternreaktion bei Auseinandersetzungen ihrer Kinder ist: Sie mischen sich ein – und ergreifen dabei nur allzu schnell Partei für eine Seite. Meist ist es das schwächere (jüngere) Kind, das Sie in Schutz zu nehmen versuchen. Damit erzeugen sie beim anderen Kind umso größeren Frust und Ärger, denn es fühlt sich in seinen Gefühlen missverstanden und missachtet – und von den Eltern zurückgewiesen.

Das bedeutet nicht, dass Eltern sich aus einem Geschwisterstreit immer heraushalten müssen. In vielen Fällen ist ein Eingreifen nötig, allerdings sollte man dabei mit Bedacht vorgehen. Praktische Anregungen zum Umgang mit Geschwisterstreit finden Sie in Teil 2, Kapitel 4.

> **Wichtig: Streiten trägt zur Persönlichkeitsbildung bei**
> So anstrengend die Zwistigkeiten zwischen Geschwistern für die Eltern sein mögen, sie sind sinnvoll und notwendig. Denn sie bieten den Kindern ein wichtiges Lernfeld, um verschiedene emotionale und soziale Kompetenzen zu erwerben: von Einfühlungsvermögen, Verständnis und Mitgefühl bis hin zu taktischem Geschick und Durchsetzungsvermögen.
>
> Streiten ist somit ein wichtiger Teil der Persönlichkeitsbildung. Das Kind übt sich einerseits darin, nicht ständig nachzugeben, sich anzupassen oder unterzuordnen, andererseits lernt es, nicht mit Ellenbogen seine Interessen auf Kosten anderer durchzusetzen. Kurz gesagt: Nur durch Streiten können Kinder – mit Unterstützung ihrer Eltern – einen konstruktiven Umgang mit Konflikten erlernen.

Soziales und emotionales Lernen in Elternhaus und Schule

Um mit Wut, Aggressionen, Eifersucht und anderen heftigen Gefühlen angemessen umzugehen, braucht das Kind emotionale Intelligenz bzw. emotionale Kompetenz.

Den Begriff »emotionale Intelligenz« (kurz EQ genannt) hat der US-amerikanische Psychologe Daniel Goleman Mitte der Neunzigerjahre geprägt.[8] Man versteht darunter die Fähigkeit eines Menschen, gut mit den Gefühlen anderer und mit seinen eigenen Gefühlen umzugehen. Zur emotionalen Intelligenz gehören damit so unterschiedliche Kompetenzen wie Einfühlungsvermögen, Taktgefühl, Kommunikationsfähigkeit oder Verantwortungsbewusstsein.

Goleman geht davon aus, dass die Erziehung im Elternhaus (aber auch in der Schule) entscheidend dazu beitragen kann, soziales und emotionales Lernen zu fördern. Der Begriff »Lernen« ist dabei bewusst gewählt, denn aus Golemans Sicht handelt es sich hierbei um Fähigkeiten, die man genauso trainieren kann wie Lesen, Schreiben und Rechnen.

Kinder, die von Eltern und Lehrern soziale und emotionale Fähigkeiten vermittelt bekommen, profitieren nachweislich davon: Sie lernen, eigene Gefühle wahrzunehmen, sie konstruktiv auszudrücken und liebevolle Beziehungen aufzubauen. Auf dieser Basis gelingt es ihnen nicht nur in der Schule, sondern in allen Lebensbereichen erfolgreich zu sein.

Tipps und Spiele zur Förderung der emotionalen und sozialen Kompetenz finden Sie in Teil 2, Kapitel 8 und 9.

Wichtig: EQ und Lebenserfolg

Daniel Goleman vertrat bereits in seinem Buch *Emotionale Intelligenz* die Auffassung, dass der EQ in seiner Bedeutung dem IQ (Intelligenzquotienten) in nichts nachstehe. Denn der IQ mache höchstens 20 Prozent der Faktoren aus, die für den Lebenserfolg entscheidend seien, die übrigen 80 Prozent seien auf andere Faktoren, darunter den EQ, zurückzuführen. Tatsächlich sind zahlreiche Studien seither zu dem Schluss gekommen, dass Kinder und Jugendliche, die über eine hohe emotionale Intelligenz verfügen, nicht nur glücklichere Beziehungen und größere Erfolge in Schule und Beruf vorweisen können, sondern auch weit weniger anfällig seien für Drogenmissbrauch, Depressionen oder Gewalt.

4. Der Einfluss von Gleichaltrigen

Im Kindergarten- und Schulalter knüpft das Kind viele neue Kontakte. Gleichaltrige werden als Bezugspersonen immer wichtiger. Und das bedeutet, dass sich das Kind nicht mehr allein am elterlichen Vorbild, sondern am Beispiel Gleichaltriger orientiert. Das kann mitunter dazu führen, dass es Verhaltensweisen anderer Kinder übernimmt, die seinen Eltern nicht unbedingt angenehm sind. Es entdeckt quasi durch den Spiegel seines Gegenübers an sich selbst neue Seiten, die es bisher nicht wahrgenommen hat und nun ausprobieren möchte.

Welche Rolle spielen gleichaltrige Kinder?

Gleichaltrige spielen für ein Kind in zweierlei Hinsicht eine bedeutende Rolle:

Zum einen bilden sie neben den Eltern eine Art zweite »Erziehungsinstanz« und relativieren damit deren Einfluss. Das bedeutet nicht, dass die Eltern von jetzt an als Vorbild ausgedient haben. Sie bleiben für das Kind weiterhin die wichtigsten Bezugspersonen, müssen jedoch akzeptieren, dass das Kind mit der Zeit noch andere Menschen zum Vorbild wählt.

Zum anderen erwirbt das Kind in Gruppen mit gleichaltrigen Kindern wichtige soziale Kompetenzen: Es lernt, sich in ein Gruppengefüge einzuordnen, Teamgeist zu entwickeln, sich einerseits anzupassen, andererseits seine Interessen durchzusetzen, aber auch mit Konfliktsituationen und Frusterlebnissen umzugehen. All das sind wertvolle Fähigkeiten, die es später im Erwachsenenleben immer wieder braucht.

Mein Kind in schlechter Gesellschaft?

Nun kann es durchaus vorkommen, dass das Kind bei der Wahl seiner Freunde andere Vorlieben zeigt, als es seinen Eltern recht ist, und – zumindest aus deren Sicht – unter schlechten Einfluss gerät.

Das fängt schon mit einem bekannten Problem im Kindergartenalter an. Plötzlich wirft der Nachwuchs mit Schimpfwörtern um sich, die er von einem Freund, einer Freundin in der Kita aufgeschnappt hat. Und es scheint kein Mittel zu geben, diesem Benehmen Einhalt zu gebieten.

Mit Beginn der Schulzeit können neue störende Verhaltensweisen hinzukommen. Da wird beispielsweise die stichelnde Cliquen-Anführerin oder der Klassen-Rambo zum Idol, dem das Kind nacheifert.

In der Pubertät schließt sich der oder die Jugendliche dann oft einer neuen Gruppe an und entzieht sich ganz dem Einfluss der Eltern. Deren Unbehagen wächst angesichts der Tatsache, dass sie kaum mehr Einblick in die Aktivitäten ihres Teenagers haben. Oft genügen dann schon vage Andeutungen, die bei den Eltern die Sorge schüren, ihr Sohn oder ihre Tochter könnte auf die schiefe Bahn geraten.

Nicht immer sind die Befürchtungen der Eltern begründet. Doch in jedem Fall brauchen sie viel Gespür und Einfühlungsvermögen, um ihrem Nachwuchs den nötigen Halt zu geben. Wie Sie mit – vermuteten oder tatsächlichen – Problemfreundschaften Ihres Kindes umgehen können, erfahren Sie in Teil 2, Kapitel 2 und 3.

5. Ungünstige Lebensweise

Nicht nur das Elternhaus und das soziale Umfeld wirken sich auf die emotionale Entwicklung eines Kindes aus, sondern auch diverse Faktoren, die mit unserer heutigen Lebensweise zu tun haben: Eine Rolle spielen zum Beispiel die Leistungsanforderungen, die an das Kind gestellt werden, ebenso die Art und Weise, wie es sich ernährt und wie es seine Freizeit gestaltet. Je nachdem, welche Voraussetzungen Sie als Eltern in dieser Hinsicht schaffen, kann die Lebensweise das Verhalten Ihres Kindes beeinflussen.

Stress, Hektik und Leistungsdruck

In unserer schnelllebigen Zeit leiden nicht nur viele Erwachsene unter Stress und Hektik. Auch Kinder haben oft eine Terminplanung, die sie heillos überfordert. So werden sie nach dem Kindergarten oder der Schule von ihren Eltern zu diversen Kursstunden kutschiert: von Tennis- und Schwimmunterricht über Klavier- und Ballettstunden bis hin zum Englischunterricht. Zwar ist jeder Kurs für sich gesehen sicher sinnvoll, doch tun allzu wohlmeinende Eltern hier oft zu viel des Guten. Kinder brauchen Zeit, über die sie nach eigenem Belieben verfügen können, in der sie tun und lassen können, wonach ihnen der Sinn steht.

Hinzu kommt, dass Eltern oft viel zu hohe Erwartungen an ihr Kind stellen: Es soll möglichst bei allem, was es lernt, optimale Leistungen erbringen. Das Kind fühlt sich davon nicht nur unter Druck gesetzt, sondern auch als »Vorzeigekind« missbraucht.

Es gibt noch andere Stressfaktoren, denen Kinder häufig ausgesetzt sind. Dazu gehören akustische Reizüberflutung durch mediale Dauerbeschallung oder der hohe Lärmpegel im Kindergarten oder Klassenzimmer.

Solange ein Kind solchen Belastungen nicht permanent ausgesetzt ist, kommt es normalerweise gut damit zurecht. Es braucht demnach regelmäßige Ruhezeiten, in denen es sich erholen kann. Wie Sie solche Ruhe-Inseln im Alltag schaffen können, erfahren Sie in Teil 2, Kapitel 14.

Falsche Ernährung

Was vielfach unterschätzt wird: Auch die Ernährung hat einen nachweislichen Einfluss auf das Verhalten von Kindern.

So hat eine Untersuchung der Trinkgewohnheiten von 3000 Kindern aus 20 US-amerikanischen Großstädten im Jahr 2013 ergeben, dass ein Zusammenhang zwischen dem regelmäßigen Konsum von zuckerhaltiger Limonade und verstärktem aggressivem Verhalten besteht.[9] 43 Prozent der untersuchten Fünfjährigen konsumierten täglich mindestens ein Glas Limonade, bei vier Prozent der Kinder waren es sogar vier Getränke oder mehr. Das Ergebnis der Studie: Je mehr Softdrinks die Kinder konsumierten, desto aggressiver verhielten sie sich. Der Grad der Aggressionen wurde daran gemessen, wie häufig die Kinder Dinge zerstörten oder andere Menschen körperlich attackierten. Weshalb Limonaden und andere Softdrinks das Verhalten von Kindern beeinflussen, konnte allerdings nicht ausreichend geklärt werden. Die Autoren der Studie vermuten, dass der hohe Zuckeranteil ebenso eine Rolle spielt wie die Inhaltsstoffe Koffein, Aspartam oder Phosphorsäure.

Auch andere Zusatzstoffe in Nahrungsmitteln können sich auf das Verhalten von Kindern auswirken. Das hat vor längerer Zeit eine Studie der britischen Universität Southampton ergeben, die sich vorrangig auf die Wirksamkeit von Diäten bei Kindern mit ADS konzentrierte. 277 Kinder im Alter von drei Jahren – die Hälfte von ihnen mit ADS – bekamen eine Woche lang

Fruchtsäfte zu trinken, die mit Farbstoffen und dem Konservierungsmittel Natriumbenzoat versetzt waren. Nach einer einwöchigen Pause erhielten die Kinder das gleiche Getränk ohne Zusatzstoffe. Sowohl die Eltern der gesunden als auch die der ADS-Kinder bestätigten am Ende der Woche eine merkliche Änderung im Verhalten ihrer Kinder: Diese wirkten allesamt wesentlich ruhiger und ausgeglichener. Über den Ablauf des Experiments waren die Eltern nicht informiert.[10]

Generell lässt sich aus diesen Beispielen folgern: Ein Zuviel an bestimmten (ungesunden) Nahrungsmitteln wirkt sich ungünstig auf das Verhalten von Kindern aus. Oft geschieht das auf indirektem Weg: Nahrungsmittel, die viele versteckte Fette und/oder Zucker enthalten, wie es etwa bei Fastfood und Fertiggerichten der Fall ist, machen nachweislich dick und dadurch oft unbeweglich. Unbeweglichkeit wiederum führt zu Unausgeglichenheit und schlechter Laune – ein möglicher Auslöser von Aggressionen.

Tipps für eine gesunde und ausgewogene Ernährung von Kindern finden Sie in Teil 2, Kapitel 7.

Bewegungsmangel

Bewegung gehört zu den Grundbedürfnissen von Kindern. Auf Mauern balancieren, über Gräben springen, auf Bäume klettern, ins Gebüsch kriechen – all das tun sie in der Regel gerne. Körperliche Aktivität bringt Kinder in ihrer körperlichen ebenso wie in ihrer geistig-seelischen Entwicklung voran.

Durch Bewegung erkundet das Kind seine Umwelt und erprobt unermüdlich seinen Körper. Es trainiert seinen Gleichgewichtssinn, übt seine Geschicklichkeit und verbessert seine Bewegungssicherheit. Durch die Erfahrung von Erfolg und Misserfolg, von Können und Nichtkönnen testet es seine Fähigkeiten und Grenzen aus. So entwickelt es in doppeltem Sinne Selbst-Bewusstsein: eine immer genauere Vorstellung von sich selbst und seinem Körper.

Bewegung fördert im Übrigen die Sozialkompetenz des Kindes. Über das Spiel und die Bewegung setzt es sich mit anderen Kindern auseinander. Es lernt, (Spiel-)Regeln einzuhalten und Rücksicht auf andere zu nehmen. So ist Bewegung nicht nur eine Quelle vielfältiger Erfahrungen, sondern auch Ausdruck von Lebensfreude und Teamgeist.

So notwendig also ausreichende Bewegung für die Entwicklung von Kindern ist – die Wirklichkeit sieht häufig anders aus. Viele Kinder wachsen heute in beengten Wohnverhältnissen auf, die wenig Raum zum Spielen und Toben bieten. Hinzu kommen Tagesabläufe, die Kinder zu stundenlangem Stillsitzen zwingen, sei es in der Schule, bei den Hausaufgaben oder bei Autofahrten.

Der größte Bewegungsräuber ist jedoch die Verlockung des Bildschirms. Statt auf dem Spiel- oder Sportplatz zu sein, sitzen die Kinder von heute lieber vor dem Fernseher oder Computer. Das wirkt sich in doppelter Hinsicht negativ aus. Denn Bewegungsmangel schränkt zum einen die körperlichen Fähigkeiten ein, zum anderen erzeugt er schlechte Laune – die leicht in Aggressionen münden kann.

Um dies zu verhindern, sollten Sie Ihrem Kind vielfältige Bewegungsmöglichkeiten bieten. Entsprechende Tipps und Spiele finden Sie in Teil 2, Kapitel 12.

Der Einfluss der Medien

Fernsehen und Co. sind nicht nur Bewegungskiller. Sie tauchen auch regelmäßig in der Diskussion um die Gewaltbereitschaft von Kindern und Jugendlichen auf. Konkret geht es um die Frage, ob Medien die Aggressionen von Kindern und Jugendlichen verstärken.

Die Wissenschaft liefert dazu verschiedene Antworten. So besagt die sogenannte Risiko-Theorie, dass die Wirkung von Gewalt im Fernsehen nur auf eine bestimmte Risikogruppe beschränkt sei, nämlich auf Kinder und Jugendliche, die in einem gewalttätigen Umfeld aufwachsen. Dagegen argumentieren Anhänger der sogenannten Lerntheorie, dass Kinder stets durch Beobachtung lernen und somit angeleitet werden, Fernsehgewalt unmittelbar nachzuahmen.

Das fängt schon bei den vermeintlich altersgemäßen Kinderfilmen an, in denen Gewalt oft verharmlost wird: In Westernfilmen folgt eine Prügelszene auf die andere und selbst in lustigen Comics sieht es für Kinder so aus, als ob Schläge auf den Kopf etwas ganz Alltägliches wären.

Der Gehirnforscher Prof. Manfred Spitzer wartet in diesem Zusammenhang mit erschreckenden Tatsachen auf: In rund 79 Prozent aller Fernsehsendungen komme Gewalt vor. Und das betreffe keineswegs nur Unterhaltungssendungen für Erwachsene, sondern in alarmierendem Ausmaß auch Kindersendungen. Spitzer, der die Risiko-Theorie entschieden ablehnt, sieht einen engen Zusammenhang zwischen Gewalt im Fernsehen und Gewalt bei Kindern und Jugendlichen. Ebenso eindringlich warnt er vor gewaltbetonten Computerspielen, die aus seiner Sicht die Einstellung zur Gewalt verändern und die Gefühle abstumpfen lassen: »Wenn junge Menschen gewalttätige Videospiele spielen, verändert sich ihre Wahrnehmung im Hinblick darauf, dass andere eher als Gegner und Feind betrachtet werden. Sie üben aggressive Gefühle, Gedanken und Verhaltensweisen.«[11]

Generell lässt sich bei Video- und Computerspielen ebenso wie beim TV-Konsum eine eindeutige Entwicklung beobachten: Die Zeiten, die Kinder vor dem Bildschirm verbringen, werden immer länger, die Inhalte der Spiele immer brutaler. Dagegen nimmt die Kontrolle der TV- und Fernsehzeiten durch die Eltern kontinuierlich ab, was u. a. damit zusammenhängt, dass viele Kinder (selbst Vor- und Grundschulkinder) ein eigenes Gerät auf ihrem Zimmer haben.

Als Eltern sollten Sie daher sorgsam auf eine altersgemäße TV- und Computerspiele-Regelung achten, sowohl im Hinblick auf die Dauer als auch den Inhalt. Lesen Sie hierzu die Tipps und Anregungen in Teil 2, Kapitel 6.

6. Die Bedeutung der Sinneswahrnehmung

Auch die Sinneswahrnehmung beeinflusst die Emotionen insofern, als sie sich entscheidend auf das körperlich-geistig-seelische Wohlbefinden auswirkt. Das heißt, wenn bei einem Kind die Wahrnehmung in einzelnen Sinnesbereichen nicht optimal entwickelt ist, kann sich das u. a. in aggressivem Verhalten äußern, ohne dass die Ursache dafür notwendigerweise erkennbar ist.

Von den Sinnen zur Wahrnehmung

Sehen wir uns die sieben Sinne (und die dazugehörigen Sinnesorgane) zunächst im Einzelnen an:

- Sehsinn (Augen),
- Gehörsinn (Ohren),
- Geruchssinn (Nase),
- Geschmackssinn (Zunge),
- Haut- oder Tastsinn (Haut),
- Muskel- und Stellungssinn (Muskeln und Gelenke),
- Gleichgewichtssinn (Innenohr).

Diese sieben Sinne bilden sich schon im Mutterleib aus, vor allem aber in den ersten Lebensjahren. Dabei lernt das Gehirn, die Eindrücke, die es von den Sinnesorganen empfängt, zu verarbeiten und zu einem sinnvollen Ganzen zu verknüpfen. Eine besondere Bedeutung haben dabei die drei sogenannten Grundsinne, die die Körperwahrnehmung ausmachen: der Hautsinn, der Muskel- und Stellungssinn sowie der Gleichgewichtssinn.

Der Hautsinn vermittelt dem Gehirn Fühlreize von außen (Kälte, Wärme, Berührungen). Der Muskel- und Stellungssinn liefert Informationen, die aus den Tiefen des Körpers kommen:

über das An- und Entspannen der Muskeln, das Beugen und Strecken der Gelenke. Und der Gleichgewichtssinn vermittelt dem Gehirn Informationen über die Lage des Körpers in Bezug auf die Schwerkraft, über die Richtung und Geschwindigkeit von Bewegungen und über die Körperbalance.

Wichtig: Die Grundsinne beeinflussen unsere Gefühle
Von allen sieben Sinnen wirken sich am meisten die drei Grundsinne unmittelbar auf unsere Gefühle und Stimmungen aus. Liebevolle Berührungen (Hautsinn) und sanfte Schaukelbewegungen (Gleichgewichtssinn) erzeugen im Körper ein angenehmes Wohlgefühl. Und die Fähigkeit der Muskulatur (Muskel- und Stellungssinn), nach dem Anspannen wieder loszulassen, bewirkt auch seelische Entspannung.

Wenn die Wahrnehmung nicht optimal entwickelt ist

Wahrnehmung wirkt sich, wie schon erwähnt, auf das körperlich-geistig-seelische Wohlbefinden aus. Das legt den Umkehrschluss nahe, dass Schwächen oder Störungen in einzelnen Wahrnehmungsbereichen das Wohlbefinden beeinträchtigen können.

Tatsächlich verhält es sich so: Wenn bestimmte Sinneseindrücke wie Hör- oder Fühlreize im Gehirn nicht richtig verarbeitet werden, so macht sich das mehr oder weniger deutlich am Verhalten des Kindes bemerkbar. Hierzu einige Beispiele:

- Wenn der Haut- und Tastsinn beeinträchtigt ist, reagiert das Kind oft sehr berührungsempfindlich. Das kann unter anderem dazu führen, dass es selbst liebevolle Annäherungen nicht erträgt, sie unwillig abwehrt und dadurch andere ungewollt vor den Kopf stößt.
- Umgekehrt kann genauso eine Unterempfindlichkeit des Hautsinns vorliegen. Das hat dann beispielsweise zur Folge, dass das Kind ein übermäßiges Bedürfnis nach Fühlreizen

hat, gleichzeitig aber kein Gespür dafür, wie es andere anfassen soll. Es schubst, stößt und rempelt, ohne dass ihm bewusst wird, wie grob es mit den anderen umgeht.

- Wenn der Muskel- und Stellungssinn nicht ausreichend entwickelt ist, macht sich das unter anderem an verkrampften Bewegungen bemerkbar. Das Kind wirkt tollpatschig und tut sich selbst mit banalen Alltagsanforderungen schwer, etwa die Knöpfe seiner Kleidung zu öffnen und zu schließen.
- Eine Störung der Hörwahrnehmung kann sich u. a. dadurch äußern, dass das Kind nicht in der Lage ist, aus einem Stimmengewirr (z. B. in der Kita oder Schule) gezielte Informationen herauszufiltern. Deshalb kann es Anweisungen oft nicht verstehen (und befolgen) – was ihm zu Unrecht als Missachtung oder Widerspenstigkeit ausgelegt wird.
- Nicht zuletzt können Störungen, beispielsweise der Seh- und Hörwahrnehmung oder der Feinmotorik, die Konzentration beeinträchtigen.

Wichtig: Überreaktionen verstehen und auffangen
Wenn die Wahrnehmung in einem oder mehreren Sinnesbereichen nicht optimal entwickelt ist, so ist das betroffene Kind häufig im doppelten Sinn des Wortes überreizt: Da sein Gehirn die ständig einströmenden Sinnesreize nicht richtig verarbeiten kann, wird es viel schneller als andere Kinder unruhig und überdreht. Umso wichtiger ist, dass Sie als Eltern solche Signale richtig verstehen. Anstatt dem Kind sein störendes Verhalten vorzuwerfen, sollten Sie ihm helfen, zur Ruhe zu kommen und sich innerlich zu stabilisieren. In Teil 2, Kapitel 13 und 14, finden Sie dazu vielfältige Anregungen.

Schon an den oben genannten Beispielen sieht man, wie schwer sich betroffene Kinder mit sich selbst und ihren Mitmenschen tun. Nicht nur, dass sie sich bei vielen Alltagstätigkeiten viel mehr anstrengen müssen als andere Kinder und dabei schlechtere

Ergebnisse erzielen. Sie müssen sich oft auch ungerechtfertigte Vorwürfe gefallen lassen. Denn für die meisten Erwachsenen sieht es so aus, als wäre das Kind einfach nur grob, faul, widerspenstig oder aufsässig. Unter solchen Vorwürfen kann sein Selbstwertgefühl erheblich leiden – und seine Wut wachsen.

So helfen Sie Ihrem Kind

Etwa 15 Prozent aller Kinder sind von einer Störung der Wahrnehmung betroffen. Die Ursachen sind bisher nicht ausreichend geklärt. Man vermutet, dass eine genetische Veranlagung, Komplikationen während der Schwangerschaft oder Geburt ebenso wie Stoffwechselstörungen eine Rolle spielen.

Wenn sich bei Ihrem Kind Anzeichen häufen, die auf eine Wahrnehmungsstörung hindeuten, so sollten Sie eine Erziehungsberatungsstelle aufsuchen. Dort wird neben der Beratung gewöhnlich auch eine genaue ärztliche Abklärung vorgenommen und wenn nötig eine Behandlung eingeleitet.

In leichteren Fällen ist professionelle therapeutische Hilfe jedoch meist nicht nötig. Stattdessen können Sie als Eltern selbst eine Menge dafür tun, dass sich die Wahrnehmung Ihres Kindes in allen Sinnesbereichen gut entwickelt. Entsprechende Anregungen finden Sie in Teil 2, Kapitel 13 dieses Buchs.

Teil 2
Wie man Wutausbrüchen von Kindern begegnen kann: Tipps und Anregungen

I. Das kleine Wutbündel

Im sogenannten Trotzalter machen Kinder oft die Erfahrung, dass sie mit ihren Schrei- und Wutanfällen die Aufmerksamkeit der Erwachsenen erregen können. Diese Erfahrung kann unter Umständen dazu führen, dass das Kind sein Verhalten verstärkt. Da hilft nur Ruhe bewahren und dem Kind einen Ausweg aus seiner ohnmächtigen Wut aufzeigen.

Trotzanfall im Supermarkt

Ein Klassiker, den alle Eltern nur zu gut kennen: In der Warteschlange vor der Supermarktkasse bekommt das Zweijährige einen Tobsuchtsanfall, weil es Schokolade möchte und seinen Willen nicht bekommt. Das kleine Wutbündel kreischt mit hochrotem Kopf seinen Zorn so laut heraus, dass die umstehenden Leute nur noch missbilligend den Kopf schütteln und halblaut ihre Meinung kundtun: »Schlecht erzogen!«

Für die Eltern ist es sicher nicht leicht, gelassen zu bleiben, wenn sich eine solche Szene in der Öffentlichkeit abspielt. Und genauso schwierig ist es, bei der einmal getroffenen Entscheidung (etwa keine Schokolade zu kaufen) zu bleiben. Manche Eltern versuchen in einer solchen Situation, das Kind abzulenken oder es durch gutes Zureden zu beschwichtigen. Beides verspricht wenig Erfolg. Denn das Kind ist in seinem Gefühlsaufruhr ohnehin nicht ansprechbar. Andererseits wäre es wenig klug, einzulenken und ihm seinen Willen doch zu gewähren. Der Nachwuchs würde daraus lernen: Ich brauche nur laut genug zu schreien, dann bekomme ich, was ich will.

Vergegenwärtigen Sie sich in einer Stresssituation wie dieser, dass Ihr Kind Sie nicht bewusst provoziert. Es kann in seinem

Gefühlsaufruhr einfach nicht anders als toben und schreien. Nehmen Sie das fürs Erste als gegeben hin. Falls das Gebrüll Ihres Kindes Sie dennoch in Zorn versetzt, versuchen Sie Ihre Gefühle so ruhig und sachlich wie möglich zum Ausdruck zu bringen: »Ich mag es nicht, wenn du hier so herumschreist!« Oder: »Ich verstehe, dass du wütend bist, aber so geht das nicht!«

Auf die Kommentare anderer Leute brauchen Sie nicht einzugehen – Sie sind niemandem eine Rechtfertigung für das Verhalten Ihres Kindes schuldig. Blenden Sie Ihre Umgebung so gut es geht aus und konzentrieren Sie sich darauf, Ihren Einkauf zügig zu beenden. Danach machen Sie besser kein weiteres Aufheben um den Vorfall. Sonst kommt Ihr Nachwuchs womöglich auf die Idee, sein Wutgeschrei künftig als Strategie einzusetzen.

Bewahren Sie Ruhe

Nicht nur im Supermarkt können sich akute Wut- und Trotzanfälle ereignen, auch zu Hause. Da Sie hier gewöhnlich nicht mit Kritik und belehrenden Kommentaren anderer Erwachsener konfrontiert sind, wird es Ihnen vermutlich leichter fallen, mit der Situation fertigzuwerden.

Im Prinzip gilt hier dasselbe wie bei einer Wutszene in der Öffentlichkeit: Wenn Sie eine Entscheidung mit gutem Grund getroffen haben, bleiben Sie dabei. Nehmen Sie es gelassen hin, dass Ihr Kleines brüllt und tobt, wenn Sie ihm die Schere oder das Feuerzeug aus der Hand nehmen, und verzichten Sie auf wortreiche Erklärungen. Ein kurzes »Nein, das ist gefährlich!« genügt.

Manchmal dauert es lange, bis der Tobsuchtsanfall ein Ende hat. Das kostet Nerven, doch versuchen Sie, das Geschrei Ihres Kindes auszuhalten und Verständnis für seine Gefühle zu zeigen: »Du ärgerst dich furchtbar und musst jetzt einfach schimpfen und schreien, das verstehe ich.« Sie können Ihr Kind auch in den Arm nehmen, sofern Sie gelassen in Kauf nehmen können, dass es in seinem Zorn vielleicht nach Ihnen schlägt.

Auf ausführliche Beschwichtigungsversuche sollten Sie indessen verzichten, erst recht auf Schimpfen und Strafen (»Wenn du dich so unmöglich benimmst, kriegst du eben keine Schokolade!«). Denn wie gesagt, das Kind handelt nicht mit Absicht. Eine Zurechtweisung wäre daher völlig unangebracht.

Dem Trotz kann man vorbeugen

Nicht jeder Trotzanfall ereignet sich aus heiterem Himmel. Durch vorausschauendes Denken lassen sich drohende Trotzsituationen oft schon im Vorfeld erkennen und rechtzeitig auffangen. Hierzu einige Tipps:

- Vermeiden Sie Termindruck im Alltag, damit Sie Ihr Kind nicht ständig zur Eile drängen müssen. Das ist besonders wichtig, wenn Ihr Kleines mit dem berühmten Hinweis »Selber!« eine Aufgabe selbstständig bewältigen will, etwa seine Jacke anziehen. Unterstützen Sie es in diesem Unabhängigkeitsstreben. Nehmen Sie wenn nötig in Kauf, dass Sie dafür beispielsweise morgens ein paar Minuten früher aufstehen.
- Unterbrechen Sie Ihr Kind nach Möglichkeit nicht in einem Spiel, in das es sich vertieft hat. Überlegen Sie in einem solchen Fall lieber, ob Sie Ihr Vorhaben – etwa einen Einkauf zu erledigen – nicht auf später verschieben können.
- Überfordern Sie Ihr Kind nicht mit einer zu großen Auswahl an Angeboten. Kleinen Kindern fällt die Entscheidung zwischen mehreren Möglichkeiten noch sehr schwer. Anstatt Ihrem Nachwuchs zum Beispiel Wasser, Saft, Kakao und Tee zum Trinken anzubieten, schränken Sie die Auswahl lieber auf zwei Angebote ein: »Möchtest du lieber Kakao oder Tee?« Je größer die Auswahl, desto länger braucht das Kind, um sich zu entscheiden – und desto größer ist die Wahrscheinlichkeit, dass es sich seine Entscheidung immer wieder anders überlegt. Ein solches Hin und Her kann sich schnell zu einem Machtkampf entwickeln.

Wie Sie dem Wüten Einhalt gebieten

Wutanfälle ereignen sich nicht nur in der Trotzphase. Auch wenn diese Phase überstanden ist, können sie ab und an auftreten. Zumindest im Vorschulalter ist gelegentlich damit zu rechnen, weil jüngere Kinder erst lernen müssen, mit ihren überschießenden Gefühlen umzugehen. So kann es in diesem Alter schon mal vorkommen, dass das Kind derart von der Wut übermannt wird, dass es womöglich Dinge beschädigt oder auf andere Menschen losgeht. Was tun?

In solchen Fällen sollten Sie klar und bestimmt reagieren. Halten Sie die Hand Ihres Kindes fest, wenn es nach Ihnen oder einem anderen Kind schlägt. Bei einem Kleinkind genügt es normalerweise, wenn Sie Ihr Eingreifen mit einem schlichten »Nein!« unterstreichen. Bei einem Kindergartenkind sollten Sie eine kurze Begründung hinzufügen: »Bitte hör auf zu schlagen, das tut weh!«

Wichtig: Nach den Ursachen des Zorns fragen

Der dänische Familientherapeut Jesper Juul empfiehlt Eltern, bei Zornausbrüchen ihres Kindes nicht nur ruhig, zugewandt und entschlossen mit dem Kind zu sprechen, sondern auch nach dem Grund der Wutgefühle zu fragen und dabei die eigenen Gefühle mit einzubeziehen: »Ich mag es nicht, wenn du mich schlägst, und ich will, dass du damit aufhörst! Aber ich würde gerne wissen, was dich so wütend gemacht hat!« Mit dieser Haltung, so Juul, zeigen die Eltern dem Kind, dass sie an seinen Gefühlen interessiert sind und ihm diese nicht absprechen wollen. Das Kind fühlt sich für sein Verhalten nicht pauschal verurteilt, sondern trotz der unbequemen Konfliktsituation respektiert und wertgeschätzt.[12]

Näheres zum Thema »Auf Gefühle eingehen« finden Sie weiter unten in Kapitel 9 und 10.

Achten Sie nicht zuletzt darauf, dass Sie sich stimmig verhalten, wenn Sie dem Wüten Ihres Kindes Einhalt gebieten wollen. Das heißt, Ihre Stimme, Ihr Tonfall und Ihre Körperhaltung sollten zu dem passen, was Sie dem Kind mit Ihren Worten vermitteln wollen. Lächeln Sie also nicht, um Ihr Kind gnädig zu stimmen – so etwas geschieht oft unbewusst –, sondern verleihen Sie dem Ernst Ihrer Worte mit einer festen und entschlossenen (nicht grimmigen!) Stimme und Mimik Nachdruck.

Wichtig: Klarheit durch stimmiges Verhalten
Widersprüchliche Botschaften, bei denen Worte, Stimme, Mimik und Körperhaltung nicht zusammenpassen, stiften Verwirrung. Das Kind weiß nicht, woran es sich halten soll: an die Worte, den Tonfall oder die körpersprachlichen Signale. Achten Sie deshalb auf stimmiges Verhalten, damit Ihr Kind Ihre Botschaft ernst nimmt – und sich von Ihnen ernst genommen fühlt.

2. Rangeleien und Sticheleien im (Vor-)Schulalter

Im Kindergarten- und beginnenden Schulalter äußern sich die Aggressionen von Jungen und Mädchen gewöhnlich in unterschiedlicher Form. Jungen gehen eher handfest zur Sache: mit Schubsen, Rempeln, manchmal auch Schlagen und Treten. Mädchen greifen andere bevorzugt verbal an: durch Spotten, Sticheln und Hänseln. Dabei sollten Sie wissen: Solche gegenseitigen Attacken dienen – vor allem bei jüngeren Kindern – dazu, im Umgang mit anderen zu experimentieren. Kinder wollen und müssen erst lernen, wie Beziehungen funktionieren, bei Gleichaltrigen ebenso wie bei Erwachsenen.

Raufende Jungs, zickende Mädchen

Rangeleien und verbale Attacken zwischen Gleichaltrigen ereignen sich meistens in der Kita oder Schule. Hier besteht für Sie selten ein Anlass oder überhaupt eine Möglichkeit, unmittelbar einzugreifen; das ist in erster Linie Sache der Erzieherin oder Lehrkraft.

Doch manchmal erfahren Sie über Umwege von verbalen oder handfesten Attacken Ihres Kindes und sehen sich dann meist veranlasst, dazu Stellung zu beziehen. Je nachdem, um welchen Vorfall es geht, können Sie folgendermaßen reagieren:

Wenn Ihr Kind ein anderes Kind wiederholt hänselt oder verspottet, überlegen Sie, welche Gefühle hinter den Hänseleien stecken könnten: Vielleicht fühlt sich Ihr Kind zurückgesetzt oder von anderen Kindern ausgegrenzt. Wenn Sie die Ursachen des Hänselns ergründen und darauf eingehen, helfen Sie Ihrem Kind, mit seinen Gefühlen besser klarzukommen und mit Gleichaltrigen besser umzugehen. Das bedeutet jedoch nicht, dass Sie das Verhalten Ihres Kindes zustimmend hinnehmen sollten. Erklären Sie ihm, dass es nicht in Ordnung ist, andere zu verspotten oder herabzusetzen. Sagen Sie ihm, dass es kein Mensch verdient, unfair behandelt zu werden, selbst wenn Ihr Kind die betreffende Person nicht mag.

Ähnlich sollten Sie möglichen Handgreiflichkeiten begegnen. Zeigen Sie Verständnis für die Gefühle und Bedürfnisse Ihres Juniors, doch machen Sie ihm klar, dass es für verletzende Angriffe keine Rechtfertigung gibt. Stattdessen muss Ihr Kind lernen, auf besseren Wegen zum Ziel zu kommen.

Wenn sich eine Attacke vor Ihren Augen abspielt, sollten Sie in jedem Fall reagieren. Hier kann es eventuell helfen, wenn Sie Ihre Aufmerksamkeit bevorzugt dem Kind widmen, das angegriffen wurde. Normalerweise wenden sich Erwachsene ja sofort dem »Täterkind« zu, um es in die Schranken zu weisen. Doch damit bestärken sie dieses höchstens in seinem Verhalten, weil es den Eindruck bekommt, dass es durch sein aggressives Vorgehen Aufmerksamkeit bekommt. Trösten Sie daher lieber das »Opfer«. Dann weiß Ihr Kind, dass es sich von seinem Verhalten keine Zuwendung erhoffen darf.

Der Umgang mit Schimpfwörtern

Schimpfwörter sind ein weiteres Thema, mit dem sich so gut wie alle Eltern konfrontiert sehen. Kinder gebrauchen sie, ebenso wie Erwachsene, um Dampf abzulassen – manchmal auch, um die Reaktion der Erwachsenen auszutesten. Je nach Situation können Ihre Reaktionen unterschiedlich ausfallen:

- Geht es dem Kind offensichtlich darum, Sie mit (frisch aufgeschnappten) Ausdrücken wie »Scheiße« oder »Stinkfurz« aus der Reserve zu locken, sollten Sie am besten darüber hinweggehen und kein großes Aufheben um die Sache machen. Wenn Ihr Nachwuchs merkt, dass Sie sich von seiner Ausdrucksweise nicht beeindrucken lassen, dürfte das Spielchen schnell seinen Reiz verlieren.

- Sie können auf solche Schimpfwörter auch humorvoll reagieren: Veranstalten Sie einfach einen Kreativwettbewerb, bei dem alle Teilnehmer innerhalb einer vereinbarten Zeit, beispielsweise fünf Minuten, so viele lustige Schimpfwörter wie möglich von sich geben. Doch müssen hierbei Spielregeln eingehalten werden: Erlaubt sind nur solche Schimpfwörter, die niemanden verletzen, zum Beispiel »Donnerhagelblitzundsturm« oder »Katzenschiete«.

- Anders sieht es aus, wenn das Kind sein Geschimpfe gegen eine Person richtet, sie mit beleidigenden Ausdrücken wie »Arschloch« oder »Vollidiot« betitelt. Solche Beschimpfungen sollten Sie nicht tolerieren. Machen Sie deutlich, dass es nicht in Ordnung ist, andere Menschen mit Worten zu verletzen.

- Verwendet das Kind einen Kraftausdruck gegen Sie selbst – etwa weil es bei einer Auseinandersetzung mit Ihnen seinen Willen nicht bekommen hat und deshalb wütend ist –, sollten Sie ihm klar und bestimmt zu verstehen geben: »So reden wir nicht miteinander. Mit Schimpfwörtern kannst du bei mir nichts erreichen.«

- Generell sollten Sie Schimpfwörter, die Ihrem Nachwuchs in einem Wutanfall herausrutschen, nicht gleich als persönliche Beleidigung werten. Gewöhnlich sind sie nicht so gemeint, sondern nur dem Gefühlsaufruhr des Kindes geschuldet. Hier ist es oft sinnvoll, eine Weile zu warten, bis der größte Zorn verraucht ist, statt gleich zu reagieren. Wenn Sie Ihr Kind dann auf den Zwischenfall ansprechen, können Sie ihm in sachlichem Ton klarmachen, dass Sie seine Beschimpfungen nicht okay fanden. Vergessen Sie jedoch nicht, auf seine Gefühle einzugehen: »Ich mag es nicht, wenn du mich beschimpfst, aber ich würde gerne wissen, was dich so wütend gemacht hat.« Damit zeigen Sie Ihrem Nachwuchs, dass Sie seinen inneren Aufruhr wahrgenommen haben und seine Gefühle akzeptieren.

- Und was tun, wenn ein Freund oder eine Freundin Ihres Kindes zu Besuch kommt und in Ihrem Haus mit Schimpfwörtern um sich wirft? Dann machen Sie dem Besuch deutlich: »Bei uns werden keine solchen Ausdrücke benutzt, ich möchte, dass du dich daran hältst.« Ignoriert das betreffende Kind diesen Hinweis, geben Sie Ihrem eigenen Nachwuchs zu verstehen, dass die Regel für ihn trotzdem weiterhin gilt.

Der Einfluss von Freunden

Vielleicht bringen Sie ein störendes Verhalten Ihres Kindes ja generell in Verbindung mit seinem Freundeskreis und vermuten, dass Ihr Nachwuchs unter schlechtem Einfluss steht. Diese Befürchtung hegen Eltern schnell, wenn sich ihr Sohn, ihre Tochter zeitweise danebenbenimmt. Doch müssen es wirklich die anderen sein, die Schuld haben?

Seien Sie ehrlich mit sich selbst und fragen Sie sich: Sehe ich mein Kind womöglich in einem zu positiven Licht? Bin ich nicht manchmal zu geneigt, die angenehmen Eigenschaften meines Kindes überzubewerten und über die weniger liebenswerten entschuldigend hinwegzugehen? Wenn Sie allzu selbstverständlich davon ausgehen, dass Ihr Sohn, Ihre Tochter von anderen Kindern zu schlechtem Verhalten angestiftet wurde, so sollten Sie zumindest daran denken, dass andere Eltern eine ähnliche Einstellung haben – und dies womöglich in Bezug auf Ihr Kind.

Im Normalfall können Sie jedenfalls damit rechnen, dass die Freunde Ihres Kindes ebenso ihre guten Seiten und ihre Schwächen haben wie Ihr eigener Nachwuchs. Gehen Sie daher offen und ohne Vorbehalte auf die Freunde Ihres Kindes zu und nutzen Sie Gelegenheiten, sich von ihnen ein realistisches Bild zu machen – zum Beispiel indem Sie sie zu sich nach Hause einladen. Wenn Sie Ihrem Kind signalisieren, dass Ihnen seine Freunde willkommen sind, wird es Ihnen ein gelegentliches Wort der Kritik, soweit dieses angebracht ist, nicht so leicht verübeln.

Achten Sie in diesem Fall darauf, dass Ihre Kritik keine Bewertung enthält, mit der Sie dem Freund, der Freundin Ihres Kindes ein Etikett verpassen, etwa:

- »Er/sie ist ungezogen ... ein Rambo ... eine Nervensäge.«
- »Er/sie hat überhaupt keine Manieren.«

Beschränken Sie Ihre Kritik stattdessen auf die Verhaltensweisen des Kindes, die Ihnen nicht behagen:

- »Ich mag es nicht, wenn er/sie sich über ... lustig macht.«
- »Es hat mir nicht gefallen, dass er/sie deine kleine Schwester gepiesackt hat.«

Ermuntern Sie Ihr Kind, seinen Standpunkt dazu zu äußern, und überlassen Sie ihm die Entscheidung, ob es sich Ihrer Meinung anschließen will oder nicht. Fragen Sie es, was ihm an der Freundschaft mit dem betreffenden Kind wichtig ist und was ihm an dem Freund, der Freundin besonders gefällt. Damit erweisen Sie ihm Respekt.

Wichtig: Wecken Sie nicht den Trotz Ihres Kindes

Seien Sie zurückhaltend mit vorschneller Kritik! Wenn Sie Vorbehalte gegen einen Freund oder eine Freundin Ihres Kindes äußern, die auf bloßen Vermutungen beruhen, kann das leicht zu einer Trotzreaktion führen: Ihr Nachwuchs schließt sich umso enger mit dem anderen Kind zusammen, trifft sich womöglich heimlich mit ihm. Damit verbauen Sie sich die Chance, das befreundete Kind näher kennenzulernen und einen positiven Einfluss auf diese Freundschaft auszüüben.

3. Vorsicht, Hochspannung! Die Pubertät beginnt

Mit der Pubertät beginnt für viele Eltern – und Kinder! – eine anstrengende Zeit. Selbst wenn Sie bisher ein friedliches und »pflegeleichtes« Kind hatten, müssen Sie damit rechnen, dass es sich plötzlich zum Widerstandskämpfer entwickelt, der den offenen Konflikt geradezu sucht. In dieser schwierigen Phase kommt es mehr denn je auf Ihr Einfühlungsvermögen und selbstsicheres Handeln an.

Die hohe Kunst, Kritik zu üben

In der Pubertät beobachten Kinder gewöhnlich viel penibler als bisher, wie ihre Eltern mit ihnen umgehen. Da kann schon ein kleines Wort oder eine Geste genügen und der Teenager fühlt sich unfair behandelt und protestiert lautstark, dass ihn keiner versteht. Umgekehrt scheint es ihm nicht im Geringsten aufzufallen, wie sehr er mit seinem provokanten, widerspenstigen Verhalten die Geduld seiner Eltern auf die Probe stellt.

Wahrscheinlich werden Sie in dieser Phase unzählige Anlässe finden, das Verhalten Ihres Kindes zu beanstanden – und dabei feststellen: Je mehr Sie Ihre Bemühungen verstärken, Ihren Teenager zu korrigieren, desto widerborstiger wird er. Wenn Sie daher Kritik an Ihrem Kind üben, sollten Sie mit besonders viel Geschick und Feingefühl vorgehen. Achten Sie vor allem auf folgende Verhaltensweisen:

- Gehen Sie mit Ihrer Kritik sparsam um. Wägen Sie ab, ob ein bestimmtes Verhalten Ihres Teenagers tatsächlich beanstandet werden muss oder ob Sie auf ein mahnendes Wort verzichten können. Sie dürfen davon ausgehen, dass Ihr Nachwuchs im

Allgemeinen sehr wohl weiß, was Sie von ihm erwarten. Sparen Sie sich also Ermahnungen wie: »Es wird höchste Zeit, dass du mal wieder dein Zimmer aufräumst.«

- Soweit Sie berechtigten Anlass zur Kritik sehen, verzichten Sie auf wortreiche Ausführungen. Jugendliche reagieren extrem genervt, wenn sie von ihren Eltern »zugetextet« werden. Sie fühlen sich dabei als Versager, umso mehr, als ihnen lange Monologe kein bisschen helfen, ihr Verhalten zu verbessern.

- Sprechen Sie das strittige Thema daher kurz und sachlich an. Formulieren Sie Ihre Kritik möglichst so, dass Sie dabei Ihre eigenen Gefühle einbeziehen und diese begründen: »Wenn du ohne Bescheid zu sagen aus dem Haus gehst, mache ich mir Sorgen, weil ich nicht weiß, wo du bist.« Auf diese Weise besteht kaum Gefahr, dass sich Ihr Kind angegriffen fühlt.

- Achten Sie darauf, dass Sie sich möglichst auf einen Kritikpunkt beschränken. Springen Sie nicht von einem Thema zum nächsten, nur weil Sie »schon mal dabei« sind und befürchten, dass Sie nicht so schnell eine neue Gelegenheit finden, Ihre Kritik loszuwerden.

- Werten Sie die unmittelbare Reaktion Ihres Kindes nicht vorschnell als Erfolg oder Misserfolg. Jugendliche überspielen ihre Verlegenheit zum Beispiel gern mit einem Grinsen. Das sollten Sie nicht zwangsläufig als Ablehnung oder Geringschätzung interpretieren. Warten Sie erst einmal ab. Am Verhalten Ihres Kindes wird sich zeigen, ob es Ihren Hinweis ernst genommen hat.

Denken Sie bei alldem immer daran: Sie werden es Ihrem Kind nie hundertprozentig recht machen können. In der Pubertät brauchen Jugendliche einfach Themen, mit denen sie sich an ihren Eltern reiben können. Das gehört zum Prozess der Selbstfindung und Ablösung vom Elternhaus unweigerlich dazu. Lassen Sie daher bei aller Rücksicht auf die Gefühle Ihres Kindes nicht Ihre eigene Meinung beiseite. Stehen Sie zu Ihrem Standpunkt – selbst wenn er Ihrem Kind nicht immer gefällt.

Wichtig:
Wie Sie unbeherrschtem Verhalten begegnen können
Falls Ihr Kind dazu neigt, in Stress- und Konfliktsituationen ausfallend zu werden, sollten Sie ihm eine klare Rückmeldung dazu geben. Beschreiben Sie ihm, wie sein unbeherrschtes Verhalten auf Sie und vermutlich auch auf andere wirkt, doch halten Sie sich mit Vorwürfen zurück. Im Ernstfall genügt ein kurzer Satz wie »Nicht in diesem Ton!« – und damit gehen Sie auf Abstand. Sobald Ihr Nachwuchs sich beruhigt hat, zeigen Sie sich wieder gesprächsbereit. Sparen Sie sich dann ein Nachmoralisieren. Ihr Kind weiß selbst, wann es den Bogen überspannt hat, und braucht dafür keine Zurechtweisung, sondern Ihre Unterstützung. Bestätigen Sie ihm, dass Sie ihm zutrauen, sein unbeherrschtes Verhalten in den Griff zu bekommen.

Der Reiz des Verbotenen

Wenn sich Jugendliche allmählich von ihrem Elternhaus lösen, schließen sie sich noch stärker als bisher mit Gleichaltrigen zusammen und suchen Zugehörigkeit in einer Clique. Eltern beobachten diese Entwicklung oft mit Sorge. Denn sie wissen genau, dass ihr Kind in seiner Gruppe nicht nur willkommene soziale Umgangsweisen erlernt. Da wird mitunter auch Verbotenes ausprobiert: Zigaretten, Alkohol und andere Drogen. Manchmal werden sogar Mutproben verlangt, die unter Umständen mit strafbaren Handlungen verbunden sind. Die Sorge der Eltern ist daher sehr verständlich.

Umso wichtiger ist, die Motive des Kindes zu verstehen. Wenn sich ein Jugendlicher in der Gruppe auf Alkohol, Drogen und andere verbotene Dinge einlässt, so tut er das nicht allein aus Neugier, sondern weil sich erwachsen fühlen und zu seiner Clique dazugehören will. Problematisch wird dieses Bedürfnis, wenn es dem Jugendlichen an Selbstwertgefühl fehlt. Dann bleibt es möglicherweise nicht beim kurzfristigen Ausprobieren von Alkohol und Zigaretten. Der Jugendliche beugt sich vielmehr dem Druck der Gruppe, um nicht als Außenseiter dazustehen.

Was können Sie tun, wenn Sie Grund zur Befürchtung haben, Ihr Kind könnte unter Zugzwang verbotene Dinge tun? In diesem Fall sollten Sie auf keinen Fall die Augen vor den möglichen Problemen verschließen, sondern das Gespräch mit Ihrem Sohn oder Ihrer Tochter suchen.

- Wenn Ihr Nachwuchs »Mist gebaut« hat, sollten Sie niemals mit Härte und Strafen reagieren. Damit nähren Sie nur seine Wut und seinen Trotz und treiben ihn erst recht in die zweifelhafte Gemeinschaft seiner Kumpel, bei denen er Anerkennung und Zugehörigkeit sucht.
- Erklären Sie Ihrem Teenager stattdessen, dass Sie sich Gedanken um ihn machen. Wenn er beispielsweise betrunken von einer Party nach Hause gekommen ist, versuchen Sie herauszufinden, wie es dazu gekommen ist. Fragen Sie Ihr Kind ganz direkt: »Hast du getrunken, weil alle anderen trinken?« Dann werden Ihrem Kind seine Beweggründe vielleicht selbst erst klar – und Sie verhelfen ihm auf diese Weise zu einer wichtigen Einsicht.
- Fragen Sie Ihr Kind auch nach seiner eigenen Meinung zu Alkohol und anderen verbotenen Dingen. Wenn Sie Ihr Kind darüber reflektieren lassen, erreichen Sie damit unter Umständen genauso viel (oder mehr), als wenn Sie Ihre eigenen Bedenken vorbringen.
- Selbstverständlich müssen Sie mit Ihrer Kritik nicht hinterm Berg halten. Doch achten Sie sorgsam darauf, dass Sie das Verhalten Ihres Jugendlichen stets von seiner Persönlichkeit trennen: »Ich habe dich lieb, aber was du gemacht hast, war nicht in Ordnung.«
- Betonen Sie, welche Eigenschaften Sie an Ihrem Teenager besonders schätzen. Damit zeigen Sie ihm, dass er es nicht nötig hat, Halt und Anerkennung bei falschen Freunden zu suchen.
- Auf keinen Fall sollten Sie in einer schwierigen Situation kapitulieren, indem Sie Ihrem Sohn oder Ihrer Tochter alles durch-

gehen lassen. Wenn Sie aufhören, Ihrem Kind Grenzen zu setzen, vermitteln Sie ihm dadurch die fatale Botschaft: »Es hat keinen Sinn, dass ich mich mit dir auseinandersetze. Mach was du willst, es ist mir egal.«

- Sollte es Ihnen trotz aller Bemühungen nicht gelingen, Zugang zu Ihrem Kind zu finden, überlegen Sie, zu welchen vertrauenswürdigen Erwachsenen im Verwandten- oder Bekanntenkreis Ihr Kind eine gute Beziehung hat. Manchmal kommt eine andere Person einfach besser an Ihren Teenager heran und schafft es, einen günstigen Einfluss auf ihn auszuüben.

4. Wenn Geschwister streiten

»Seid lieb zueinander!« – »Könnt ihr euch nicht endlich mal vertragen?« – »Schluss mit der Streiterei, das ist ja nicht zum Aushalten!« Solche Ermahnungen kommen Ihnen sicher bekannt vor – und vermutlich haben Sie ähnliche Sätze bei Streitigkeiten Ihrer Kinder selbst schon geäußert. Doch auch wenn es Ihnen schwerfällt, Geschwisterkämpfe auszuhalten, versuchen Sie nicht, sie zu unterbinden. Es gibt bessere Mittel, Konflikten Ihrer Kinder wirksam zu begegnen.

Streitauslöser beseitigen

Beobachten Sie Ihre Kinder einmal für eine Weile genauer und versuchen Sie herauszufinden, welche Themen ihnen besonders häufig Anlass zum Streit bieten. Wenn Sie hier gewisse Tendenzen erkennen, können Sie so manchen Auseinandersetzungen erfolgreich vorbeugen.

* Ein häufiger Streitpunkt ist zum Beispiel das Teilen von Spielsachen. Kaum hat das eine Kind ein Spielzeug ausgesucht, schon kommt das andere und schnappt es ihm weg. Hier hilft es, mit den Kindern klare Regeln zu vereinbaren. Zum Beispiel: Ein Spielzeug, das einem nicht gehört, darf nur mit der Erlaubnis des Besitzers benutzt werden. Oder: Ein Spielzeug, das allen Geschwistern gemeinsam gehört, wird abwechselnd benutzt, wenn es alle gleichzeitig haben wollen.
* Oft entzünden sich Streitigkeiten am Abend, wenn die Kinder müde und gereizt sind. Hier hilft ein Abendritual vor dem Schlafengehen, den Tag friedlich ausklingen zu lassen, zum Beispiel ein ruhiges Karten- oder Brettspiel oder eine Entspannungsübung (siehe Kapitel 14).

- Vielleicht haben Sie auch festgestellt, dass Ihre Kinder bevorzugt dann streiten, wenn Sie sich auf eine Tätigkeit konzentrieren und ihnen keine Aufmerksamkeit schenken (können). Hier können Sie – so eigenartig das klingt – mit einem Lob vorbeugen. Sprechen Sie Ihren Kindern gelegentlich eine Anerkennung aus, wenn sie friedlich miteinander spielen: »Ich freue mich, dass ihr euch so gut versteht!« So merken Ihre Kinder, dass Sie ihnen auch dann Beachtung schenken, wenn sie sich friedlich verhalten, nicht nur, wenn sie stören.

Oft sind die Auseinandersetzungen der Kinder reine Schaukämpfe, mit denen sie versuchen, ihre Eltern hineinzuziehen, um zu sehen, für wen diese Partei ergreifen. Aus solchen Streitigkeiten halten Sie sich am besten heraus und begnügen sich mit einem bedauernden Kommentar: »Schade, dass ihr streiten müsst!« So verliert der Schaukampf für die Kinder schnell seinen Reiz.

Ergreifen Sie niemals Partei!

Nun kommt es allerdings vor, dass ein Streit ausufert und Sie sich zum Eingreifen genötigt sehen: zum Beispiel wenn sich die Kinder massiv beschimpfen oder derart aufeinander losgehen, dass die Gefahr einer körperlichen Verletzung besteht.

In diesem Fall sollten Sie sich hüten, parteilich zu werden. So schwer es Ihnen vermutlich fällt: Verzichten Sie darauf, die Rollen des Täters und des Opfers festzulegen. Denn auch wenn es Ihnen noch so eindeutig erscheinen mag: Sie können nicht selbstverständlich davon ausgehen, dass beispielsweise immer das ältere Kind der Angreifer ist. Ebenso wenig können Sie dem Kind die Schuld geben, das sich aggressiver als das andere verhalten hat. Es könnten genauso gut versteckte Aggressionen im Spiel gewesen sein, die den Streit auf die Spitze getrieben haben: Sticheleien etwa, die den vermeintlichen Angreifer zur Weißglut gebracht haben, ohne dass Sie davon etwas bemerkt haben.

Wichtig: Parteilichkeit verstärkt die Wut

Bei allem Ärger über die Störmanöver Ihrer Kinder sollten Sie immer daran denken: Hinter den Streitereien kann Eifersucht stecken. Jedes Kind wünscht sich die ungeteilte Zuwendung der Eltern und hat Angst, durch die Konkurrenz der Geschwisterkinder zu kurz zu kommen. Wenn Sie daher eines Ihrer Kinder bei einem Streit zum Schuldigen abstempeln, fühlt sich dieses zurückgewiesen. Dann besteht die Gefahr, dass sich sein Frust und Schmerz darüber bei nächster Gelegenheit umso heftiger entlädt.

Streitfälle erfolgreich schlichten

Wenn Sie sich veranlasst sehen, in einen Streit Ihrer Kinder einzugreifen, versuchen Sie so gut es geht, als unparteiischer Streitschlichter aufzutreten. Eine sinnvolle Vorgehensweise könnte beispielsweise so aussehen:

- Fragen Sie die Kinder als Erstes, ob sie damit einverstanden sind, dass Sie als Streitschlichter zur Verfügung stehen. Übernehmen Sie diese Rolle nur, wenn beide Seiten zustimmen.
- Stellen Sie als Nächstes klar, dass Sie lediglich das Gespräch leiten, sich in die Auseinandersetzung der Kinder jedoch nicht einmischen werden. Weisen Sie beide Parteien außerdem darauf hin, dass sie im Gespräch respektvoll miteinander umgehen und gegenseitige Beschimpfungen unterlassen sollen.
- Wenn beide Kinder dazu bereit sind, fragen Sie, was vorgefallen ist. Jedes Kind soll seine Version vom Streithergang darlegen dürfen. Falls sich die beiden nicht einigen können, wer mit dem Erzählen anfängt, können Sie ein Los darüber entscheiden lassen.
- Fassen Sie die Version jedes Kindes am Ende kurz in eigenen Worten zusammen. Gehen Sie dabei auch auf die Gefühle des betreffenden Kindes (Wut, Enttäuschung, Traurigkeit) ein. Fragen Sie nach, ob Sie alles richtig verstanden haben.

- Stellen Sie als Nächstes klar, dass nicht Sie entscheiden, wie der Streit gelöst werden soll. Regen Sie die Kinder stattdessen durch Fragen an, selbst nach einer Lösung zu suchen: »Was wollt ihr denn nun tun, damit ihr den Streit beenden könnt?« Wenn nötig, können Sie eine Idee zur Lösung beisteuern, doch überlassen Sie es den Kindern, ob sie diese annehmen wollen oder nicht.

- Ist der Streit schließlich beigelegt, können die Kinder ihre Versöhnung mit einem kleinen Friedensritual besiegeln, zum Beispiel mit einem Händedruck.

5. Grenzen, Halt und Sicherheit

Wut gehört zum Leben Ihres Kindes genauso wie zu Ihrem eigenen. Es hat keinen Sinn, sie zu unterdrücken – sie kommt nur umso stärker zurück. Stattdessen sollten Sie Ihrem Kind in akuten Wutsituationen so gut wie möglich beistehen. Wichtig ist daneben, dass Sie in Ihrem Familienalltag einen klaren Rahmen schaffen, in dem sich Ihr Kind sicher fühlt und Halt findet. So lernt es mit der Zeit, mit seiner Wut sozialverträglich umzugehen.

Ruhe bewahren, bestimmt handeln

Das Schwierige an Wutanfällen ist: Sie kommen meist aus heiterem Himmel. Es bleibt Ihnen also im Akutfall keine Zeit, sich Strategien zu überlegen, wie Sie sinnvoll reagieren könnten. Dabei kommt es gerade in einer akuten Wutsituation auf klare Reaktionen und sicheres Handeln an. Legen Sie sich daher schon vorab ein paar mögliche Vorgehensweisen zurecht. Beachten Sie dabei vor allem folgende Punkte:

- Gehen Sie auf die Gefühle Ihres Kindes ein, zeigen Sie Verständnis dafür und bieten Sie eventuell Ihre Hilfe an: »Ich verstehe, dass du dich furchtbar ärgerst, weil dein Spielzeughaus kaputt ist. Wenn du willst, helfe ich dir, es wieder aufzubauen.«
- Vielleicht hat Ihr Kind das Bedürfnis, seine Gefühle selbst auszudrücken: »Ich bin total sauer, weil ...« Lassen Sie solche Äußerungen unbedingt zu, versuchen Sie nicht, sie zu unterbinden.
- Oft hilft es dem Kind, wenn es seinen Zorn an einem geeigneten Objekt auslassen kann, zum Beispiel indem es auf ein Kopfkissen boxt oder einen Packen Altpapier zerreißt.

- Auch Lautstärke kann helfen – sofern in der Nachbarschaft niemand gestört wird: Lassen Sie Ihr Kind mit aller Kraft in eine Tröte blasen, ein Trommelsolo aufführen oder schreien, so laut es kann.
- Wenn Ihr Kind in seinem Zorn außer sich ist, kann ihm eventuell fester Halt helfen. Nehmen Sie es in die Arme und halten Sie es fest, bis es sich beruhigt hat. Dadurch vermitteln Sie ihm Sicherheit. Sie sollten sich allerdings bewusst sein, dass nicht jedes Kind diese Festhaltetaktik verträgt. Wenn Sie merken, dass sich Ihr Nachwuchs dagegen sträubt, lassen Sie es lieber sein.
- Nicht zuletzt können Wut-weg-Spiele Ihrem Kind helfen, Dampf abzulassen. Eine Auswahl an geeigneten Spielen finden Sie weiter unten in Kapitel 11.

Wichtig: Achtung, Verletzungsgefahr!
Auf keinen Fall sollten Sie Ihr Kind anfassen, wenn Sie selbst unter Strom stehen. Die Gefahr, dass Sie es zu hart anpacken und dabei körperlich oder seelisch verletzen, ist einfach zu groß. Gehen Sie lieber auf Abstand und warten Sie ab, bis Ihr Zorn verraucht ist (siehe auch Teil 3, Kapitel 1, Abschnitt »Wohin mit der eigenen Wut?«).

Hilfreiche Auszeit

Bei jüngeren Kindern (im Vor- und Grundschulalter) kann manchmal eine Auszeit helfen, eine akute Wutsituation aufzufangen, bevor sie zu eskalieren droht. Schicken Sie Ihren Nachwuchs für eine vereinbarte Zeit auf sein Zimmer, damit er sich beruhigen kann. Ein paar Minuten Alleinsein bewirken meist viel mehr als alle Beschwichtigungsversuche. In Stress- und Wutsituationen ist gutes Zureden ohnehin nicht besonders ratsam. Allzu leicht führt das dazu, dass die Eltern mit gut gemeinten Worten pausenlos auf das Kind einreden, um seinen Wutausbruch zu stoppen. Gelingt das dann nicht, beginnen sie zu schimpfen oder mit Strafen zu drohen.

Eine Auszeit dagegen hat nichts mit Bestrafung zu tun. Sie dient allein dazu, die aufgewühlten Gefühle zum Abklingen zu bringen. Allerdings sollten Sie diese Methode mit Ihrem Kind besprechen, bevor Sie sie zum ersten Mal anwenden. Es soll wissen, welchen Sinn die Auszeit hat. Vereinbaren Sie außerdem, wie lange die Auszeit dauern soll. Als Richtwert können Sie eine Minute pro Lebensjahr veranschlagen – für ein siebenjähriges Kind wären das also etwa sieben Minuten. In Einzelfällen kann die Auszeit länger dauern, insbesondere bei Kindern, die in Stresssituationen generell dazu neigen, sich »einzuigeln«.

Wenn Ihr Kind aus der Auszeit zurückkommt, nehmen Sie es freundlich in Empfang und verlieren Sie von sich aus kein Wort mehr über den Vorfall. Hat Ihr Kind dagegen das Bedürfnis, sich selbst nochmals dazu zu äußern, sollten Sie ihm das auf jeden Fall zugestehen.

Selbstbeherrschung üben

Wenn Ihr Kind in Konfliktsituationen des Öfteren die Kontrolle über sein Verhalten verliert und ausrastet, stellt das Ihre Geduld als Mutter oder Vater sicher auf eine harte Probe. Doch sehen Sie es einmal aus der anderen Perspektive: Auch für Ihr Kind kann so ein Gefühlsausbruch ein unerträgliches, mitunter erschreckendes Erlebnis sein.

Helfen Sie Ihrem Kind, sein überschießendes Temperament besser in den Griff zu bekommen. Besprechen Sie mit ihm, wie es in einer Situation, in der es auszurasten droht, kühlen Kopf bewahren kann. Beziehen Sie dazu seine Ideen mit ein. Üben Sie neue Verhaltensweisen mit Ihrem Kind ein, damit Sie beide mit künftigen Stresssituationen besser umgehen können. Unterstützend können Sie folgende Vorgehensweisen einsetzen:

- Arbeiten Sie mit gelben Warnkarten, mit denen Sie Ihrem Kind rechtzeitig anzeigen, dass sein Verhalten außer Kontrolle zu geraten droht.
- Lassen Sie Ihr Kind einen Verstärkersatz wählen, der ihm hilft, sein Temperament zu zügeln, beispielsweise »Ich bleibe cool!« oder »Ich bin stark!«.
- Überlegen Sie gemeinsam mit ihm, wie es sich deutlich und bestimmt äußern und seine Wünsche durchsetzen kann, ohne dabei gewaltsam vorzugehen.
- Sie können ihm außerdem helfen, seine Frustrationstoleranz zu verbessern, indem Sie mit ihm Spiele spielen, bei denen es verlieren lernt.

Durch Regeln und Konsequenzen lernt Ihr Kind, Verantwortung zu übernehmen

Damit Ihr Kind angemessenes Verhalten lernt, muss es sich beizeiten an Regeln gewöhnen. Ob es sich um Haushaltspflichten, Fernsehzeiten, Tischsitten oder Schlafenszeiten handelt – solche Dinge sollten geregelt werden, damit das häusliche Zusammenleben funktioniert. Regeln legen Rechte und Pflichten fest, sie geben den Rahmen vor, innerhalb dessen sich das Familienleben abspielen soll. Durch Regeln weiß das Kind, was es darf und was es nicht darf.

Übertritt das Kind eine Regel, so sollte es wissen, dass es mit Konsequenzen zu rechnen hat. Damit ist keineswegs Bestrafung gemeint. Vielmehr geht es darum, eine sinnvolle Folge eintreten zu lassen, die im Zusammenhang und in einem angemessenen Verhältnis zum (Fehl-)Verhalten des Kindes steht. Hat das Kind beispielsweise im Zorn etwas kaputt gemacht, sollte es den Gegenstand reparieren oder ersetzen. Falls beides nicht möglich ist, sollte Wiedergutmachung in anderer Form erfolgen, zum Beispiel indem das Kind dem Geschädigten zum Ausgleich eine Freude macht.

Nun ist es gerade bei unvorhergesehenen Regelverstößen nicht immer einfach, auf die Schnelle eine passende logische Konsequenz zu finden. Doch wenn Sie merken, dass Ihnen partout nichts Passendes einfällt, beziehen Sie einfach Ihren Nachwuchs in die Lösung des »Falles« ein. Fragen Sie ihn, wie es den Schaden, den es verursacht hat, wiedergutmachen möchte. Kinder sind oft viel eher bereit, eine logische Folge zu akzeptieren, an der sie selbst mitgewirkt haben, als wenn sie die »verhängte« Folge einfach nur zustimmend hinnehmen.

Wichtig: Bewahren Sie Ihr Kind nicht vor den Folgen seines Handelns

Verzichten Sie auf jeden Fall darauf, Ihren Nachwuchs bei einem Regelverstoß vor den Konsequenzen zu bewahren. Sonst lernt er nicht, Verantwortung für sein Handeln zu übernehmen. Zwar kann ein Kind nicht immer voll für den Schaden aufkommen, den es verursacht hat (etwa wenn es einen wertvollen Gegenstand zerstört hat). Dann sollte es jedoch einen angemessenen Teil mit seinem Taschengeld erstatten. Oder es leistet in anderer Form Wiedergutmachung, zum Beispiel indem es für einen vereinbarten Zeitraum eine besondere Haushaltspflicht übernimmt.

6. Regeln für den Medienkonsum

Wer die Warnungen der Wissenschaftler ernst nimmt, dass sich Fernsehen und Computerspiele schädlich auf die Psyche und das Verhalten von Kindern auswirken können, wird vermutlich gern die Mühe auf sich nehmen, eine vernünftige, kindgemäße Regelung zu finden. Als Eltern sollten Sie besonders zwei Kriterien beachten: Beschränken Sie den Medienkonsum Ihres Kindes auf eine altersgemäße Dauer und wählen Sie nur Programme aus, die frei von Gewaltdarstellungen sind.

Ein vernünftiges Maß

Beim Thema TV- und Computerzeiten gilt wie bei vielen anderen Themen: Kinder brauchen Grenzen. Treffen Sie in Absprache mit Ihrem Kind klare Regelungen, die seinem Alter und Entwicklungsstand angemessen sind.

- Kinder unter drei Jahren sollten möglichst noch gar nicht oder nur in Ausnahmefällen vor dem Bildschirm sitzen. Für Drei- bis Sechsjährige gelten 20 bis 40 Minuten als vernünftiger Richtwert. Für Sechs- bis Zwölfjährige kann die Zeit dann stufenweise ausgedehnt werden, sie sollte jedoch 90 Minuten nicht überschreiten.

- Auf keinen Fall sollte Ihr Kind einen eigenen Fernseher oder Computer in seinem Zimmer stehen haben. Sie haben sonst keinerlei Kontrolle über seinen Medienkonsum mehr.

- Generell sollten TV und Computer eine von vielen Freizeitbeschäftigungen Ihres Kindes ein – aber nicht die einzige und wichtigste. Sorgen Sie dafür, dass Ihr Kind als Ausgleich genügend andere Dinge unternimmt: zum Beispiel Sport treiben, auf den Spielplatz gehen, malen und basteln, sich mit Freunden treffen, ins Museum oder in den Zoo gehen usw. Diese Empfehlung sollten Sie auch selbst beherzigen und Ihrem Kind damit ein Vorbild sein.

Gewaltfreie Inhalte

Genauso wichtig wie eine vernünftige Dosierung der TV- und Computerzeiten ist eine gute Auswahl geeigneter Programme, die frei sind von gewaltverherrlichenden Inhalten.

- Prüfen Sie sehr sorgfältig die Altersangaben und beachten Sie die Hinweise, mit denen TV-Programme und Computerspiele bezüglich ihrer Inhalte als empfehlenswert oder nicht empfehlenswert eingestuft werden.
- Lassen Sie ein jüngeres Kind nicht allein vor dem Bildschirm sitzen, sondern setzen Sie sich dazu. So können Sie Szenen erläutern, die Ihr Nachwuchs nicht versteht, und notfalls ausschalten, wenn unerwartet doch Inhalte auftauchen, die das Kind überfordern oder verängstigen.
- Nach einer TV-Sendung brauchen Kinder oft eine Möglichkeit, das Gesehene zu verarbeiten. Das geschieht meist im Rollenspiel, das je nach Intensität der Eindrücke mehr oder weniger dramatisch ausfallen kann. Unterbrechen Sie Ihr Kind nicht in seinem Spiel, denn es braucht diese Möglichkeit, seine Gefühle auszudrücken. Warten Sie lieber eine Gelegenheit ab, nach dem Spiel mit Ihrem Kind ins Gespräch zu kommen.

7. Gesunde Ernährung

Damit sich Ihr Kind ausgeglichen und wohl fühlt, braucht es auch eine ausgewogene Auswahl an gesunden Nahrungsmitteln. Setzen Sie statt auf Fastfood, Fertigprodukte und Süßigkeiten lieber auf frisch zubereitete, vitalstoffreiche Kost. Achten Sie außerdem auf regelmäßige Mahlzeiten. Manchmal gebärden sich Kinder aus einem ganz banalen Grund reizbar und aggressiv: weil sie hungrig sind. Sie selbst merken das oft nicht einmal oder können es nicht ausdrücken.

Alternativen zu Süßigkeiten

Eine bekannte Empfehlung aus der Ernährungswissenschaft lautet: »Esst weniger Zucker!« Denn Haushaltszucker und zuckerhaltige Nahrungsmittel sind nicht nur schlecht für die Zähne, sondern auch Vitaminräuber. Bei übermäßigem Konsum können sich zuckerhaltige Getränke, wie in Teil 1, Kapitel 5 gezeigt, sogar negativ auf das Verhalten auswirken, indem sie Aggressionen verstärken. Versuchen Sie daher, möglichst viele zuckerarme Alternativen auf den täglichen Speiseplan zu bringen:

- Als Brotaufstrich zum Frühstück schmeckt statt einer Schokocreme genauso ein zuckerarmer Fruchtaufstrich – am besten selbst gemacht.
- Viel besser als gekaufter Fruchtjoghurt ist Naturjoghurt, der mit frischem Obst oder mit Beeren zubereitet wird (im Winter können es Tiefkühlfrüchte sein).
- Eine gesunde Alternative zu süßen Knabbereien sind frische Obst- und Gemüsesorten.
- Statt Vollmilchschokolade kaufen Sie besser Schokolade mit höherem Kakaoanteil; je dunkler die Schokolade, desto gerin-

ger ihr Zuckergehalt. Da Bitterschokolade den meisten Kindern nicht schmeckt, probieren Sie es mit Halb- oder Zartbitterschokolade mit einem Kakaoanteil von 50 bis 65 Prozent.

- Anstelle von Torten und Rührkuchen können Sie Obstkuchen aus Hefeteig backen.
- Softdrinks wie Limonade und Cola können Sie leicht durch Saftschorlen ersetzen. Besonders empfehlenswert sind frisch gepresste Fruchtsäfte. Sie schmecken auch Kindern, die sich sonst nicht so leicht für Gesundes begeistern.

Zucker ist grundsätzlich ein wichtiger Energielieferant. Greifen Sie jedoch nicht zu einfachem Haushaltszucker, der viel zu schnell ins Blut schießt. Bevorzugen Sie stattdessen komplexe Kohlenhydrate, wie sie in Vollkorn und Vollkornprodukten, Kartoffeln und Hülsenfrüchten stecken. Die Zuckerbausteine aus diesen Nahrungsmitteln gehen langsam ins Blut über. Das verhindert starke Blutzuckerschwankungen, die (ein nicht zu unterschätzender Faktor!) ebenfalls Auslöser von gereizter Stimmung und Aggressionen sein können.

Wichtig: Süßes nicht gänzlich verbieten
Fast alle Kinder lieben Süßes. Und weil zuckerhaltige Süßigkeiten im heutigen Nahrungsangebot allgegenwärtig sind, führt das häufig zu Kämpfen zwischen Eltern, die Wert auf eine gesunde Ernährung legen, und ihrem Nachwuchs.

Übertreiben sollten Sie es allerdings nicht. Eine zuckerhaltige Leckerei pro Tag dürfen Sie Ihrem Kind ruhig zugestehen. Überlassen Sie ihm dabei die Entscheidung, was und wann es gerne naschen möchte.

Wenig ratsam ist es dagegen, Süßigkeiten strikt zu verbieten oder ein Verbot als Strafe einzusetzen. Der Heißhunger auf Süßes kann dadurch umso größer werden und Sie handeln sich nur Diskussionen und Machtkämpfe ein.

Gute Fette

Nahrungsfette standen lange Zeit in schlechtem Ruf. Heute weiß man: Fett ist nicht gleich Fett. Bei der Auswahl der Nahrungsmittel sollte man vielmehr gesunde von ungesunden Fetten unterscheiden.

Ungesunde Fette enthalten gesättigte Fettsäuren, die beispielsweise in tierischen Fetten wie Speck, Wurstwaren, Butter und Sahne vorkommen. Besonders ungesund sind außerdem die sogenannten Transfette, die bei der Härtung von industriellen Billigfetten entstehen. Meiden Sie also Kokosfett und Palmfett ebenso wie Fertigprodukte, die gehärtete Fette enthalten (z. B. industriell hergestellte Backwaren, Instantsaucen und -suppen).

Gesund und empfehlenswert sind dagegen die einfach und mehrfach ungesättigten Fettsäuren aus pflanzlichen Ölen, Nüssen, Samen und Avocados. Besonders wertvoll sind die Omega-3-Fettsäuren. Sie kommen in pflanzlichen Ölen wie Leinöl, Walnussöl, Rapsöl, Sojaöl oder Weizenkeimöl ebenso wie in Seefisch reichlich vor. Omega-3-Fettsäuren tragen u. a. dazu bei, dass die Hüllen der Nervenzellen geschmeidig bleiben; sie verbessern außerdem die Konzentrations- und Merkfähigkeit und generell die Stimmungslage.

Hier einige Tipps, wie Sie Ihrem Kind eine gesunde Auswahl an Fettsäuren anbieten können:

- Bringen Sie mindestens einmal wöchentlich ein Fischgericht auf den Tisch, z. B. Hering, Kabeljau, Makrele, Seelachs oder Wildlachs. Sie enthalten reichlich Omega-3-Fettsäuren und sind im Hinblick auf Quecksilber- und andere Schadstoffbelastungen im Gegensatz zu anderen Fischsorten weitgehend unbedenklich. Ein Einkaufsratgeber (z. B. von Greenpeace oder dem WWF) informiert Sie zudem darüber, welche Produkte aus umweltbewusster, nachhaltiger Fischerei oder Aquakultur stammen.

- Ideal für Salatsaucen sind Oliven-, Walnuss- oder Rapsöl. Verwenden Sie ausschließlich kalt gepresste Öle, weil diese den größten Anteil an Vitalstoffen enthalten. Wegen der unterschiedlichen Fettsäurezusammensetzung wechseln Sie am besten regelmäßig zwischen mehreren Ölsorten.

- Nüsse und Samen sind im Gegensatz zu industriell hergestellten Keksen und Chips (die gehärtete Fette enthalten) empfehlenswerte Knabbereien, denn sie liefern wertvolle Fettsäuren. Variieren Sie auch hier die Sorten.

Falls Ihr Kind zu Übergewicht neigt, bringen Sie bevorzugt fettarme Gerichte auf den Tisch. Sparsam sollten Sie dabei vor allem mit fetten Fleisch- und Wurstgerichten umgehen, weniger mit hochwertigen Ölen und Fetten. Denn wie gesagt: Auf die gesunde Auswahl kommt es an.

Vitamine, Mineralstoffe & Co.

Vitamine sind Nährstoffe, die der Körper unbedingt braucht, jedoch nicht oder nicht in ausreichender Menge selbst herstellen kann. Sie sind an fast allen Stoffwechselprozessen im Körper maßgeblich beteiligt. Ähnliches gilt für Mineralstoffe und Spurenelemente; auch sie erfüllen im Körper viele lebenswichtige Aufgaben.

Damit Ihr Kind ausreichend mit Vitaminen und Mineralstoffen versorgt ist, sollten Sie neben den oben genannten Empfehlungen generell auf ausgewogene Kost achten. Bevorzugen Sie folgende Nahrungsmittel, die möglichst immer frisch zubereitet sein sollten:

- Obst und Gemüse sowie Obst- und Gemüsesäfte,
- Milch und Milchprodukte,
- Getreide und Vollkornprodukte,
- Fisch und mageres Fleisch.

Bei einem solchen Lebensmittelangebot brauchen Sie keine Mangelerscheinungen bei Ihrem Kind zu befürchten. Von Nahrungsergänzungsmitteln in Brause- und Tablettenform ist dagegen abzuraten. Sie sind bei ausgewogener Ernährung überflüssig. Werden sie in zu großer Menge eingenommen, können sie sogar schädlich sein.

Wichtig: Eisenmangel vorbeugen
Eisen hat für die Leistungsfähigkeit des Kindes eine große Bedeutung. Denn als Bestandteil der roten Blutkörperchen sorgt es dafür, dass das Gehirn stets gut mit Sauerstoff versorgt wird. Ein Eisenmangel führt u.a. zu schneller Erschöpfung, verminderter Leistung, Infektanfälligkeit und Verhaltensproblemen. Besonders wichtig ist eine ausreichende Eisenzufuhr für Jugendliche (speziell für junge Mädchen nach Beginn der Menstruation).

Wertvolle Eisenlieferanten sind Linsen, Erbsen, Haferflocken, Mandeln, Vollkornbrot und Fleisch, wobei das Eisen aus Fleisch gewöhnlich besser aufgenommen wird als pflanzliches Eisen. In Kombination mit Vitamin C (z.B. aus Orangensaft oder Paprika) lässt sich jedoch die Aufnahme von pflanzlichem Eisen auf das Dreifache erhöhen.

8. Den Selbstwert stärken – durch Ermutigung und Respekt

Es wurde an anderer Stelle schon gesagt: Schimpfen und Strafen sind keine geeigneten Methoden, um ein Kind zu kooperativem Verhalten anzuleiten. Im Gegenteil, ein solcher Erziehungsstil erzeugt nur Frust, der sich wiederum in Aggressionen entladen kann. Statt auf Schimpfen und Strafen setzen Sie besser auf zwei konstruktive Erziehungsmittel: Ermutigung und Respekt.

Lob und Anerkennung haben Zauberwirkung

Ermutigen können Sie Ihr Kind in erster Linie durch Lob und Anerkennung. Ein anerkennendes Wort erfüllt das Kind mit Freude und Stolz, es gibt ihm Bestätigung und stärkt sein Selbstwertgefühl.

Der finnische Psychiater und Psychotherapeut Ben Furman, der das Motivationsprogramm »Ich schaffs!®« für Kinder und Jugendliche entwickelt hat,[13] empfiehlt Eltern dabei nicht nur, ihr Kind häufig zu loben. Sie sollten sich auch ein möglichst großes Repertoire an Ausdrucksweisen von Lob aneignen.[14] Dazu gehören neben anerkennenden Worten wie »Danke!« oder »Gut gemacht!« folgende Lob-Varianten:

- Loben Sie Ihr Kind statt mit Worten mit Ihrer Körpersprache: Klatschen Sie mit einer Handfläche gegen die Ihres Kindes oder strecken Sie den Daumen hoch.
- Verpacken Sie Ihre Anerkennung in eine humorvolle oder spielerisch-neckende Bemerkung, die Ihr Kind eindeutig als Spaß versteht: »Was, du hast dich getraut, auf den Baum zu klettern? Das kann doch höchstens eine Zimmerpflanze gewesen sein!« – »Na hör mal, dein Zimmer hast du doch nicht

selbst aufgeräumt, da sind heute Nacht bestimmt die Heinzel-
männchen am Werk gewesen!«

- Formulieren Sie Ihr Lob als Frage: »Ich bin beeindruckt – wie
  hast du das bloß geschafft?« – »Sag mal, ist das nicht unheim-
  lich schwer, so ein Musikstück fehlerfrei zu spielen?«
- Sprechen Sie Ihrem Kind nicht nur eine Anerkennung aus,
  wenn es Erfolge vorweisen kann, sondern auch, wenn es sich
  offenkundig bemüht hat: »Ich sehe, du hast dich richtig ange-
  strengt, das gefällt mir!« – »Toll, du hast wirklich vollen Einsatz geleistet!«
- Äußern Sie Ihr Lob in Gegenwart des Kindes gegenüber einer
  dritten Person: »Jonas war heute ganz lieb zu seinem kleinen
  Bruder, obwohl der ihm beinahe sein Polizeiauto kaputt gemacht hat. Das finde ich großartig.« – »Ich bin stolz auf Mia.
  Sie hat heute beim Arzt eine ganze Stunde im Wartezimmer
  gesessen, ohne ungeduldig zu werden.«

Sie fragen sich vielleicht, warum es nötig ist, Ihr Lob so kreativ
und vielseitig zu formulieren. Ganz einfach, weil Ihr Feedback
an Wirkung verlieren kann, wenn Sie es immer auf die gleiche
Art und Weise aussprechen. Ein obligatorisches »Super!« oder
»Prima!« wirkt über kurz oder lang unglaubwürdig, weil es zur
bloßen Floskel verkommt. Überdies kann es den Eindruck erwecken, dass Sie mit Ihrem Lob nur einer Pflicht Genüge tun, ohne
dem Anlass besondere Aufmerksamkeit zu schenken. Ein indivi-
duell angewendetes Lob dagegen kommt an, weil Sie damit zeigen, dass Sie das lobenswerte Verhalten wirklich wahrgenommen
haben.

Lob motiviert Ihr Kind überdies zum Weitermachen. Gerade
deshalb sollten Sie Ihr Lob nicht als Mittel zum Zweck einsetzen,
etwa auf die Art: »Toll, wie lieb du dich um deine kleine Schwester kümmerst! Könntest du das nicht öfter machen?« Hüten Sie
sich außerdem, Ihre Anerkennung mit Kritik zu vermischen:
»Wie gut, dass du endlich dein Zimmer aufgeräumt hast, hier hat
es ja chaotisch ausgesehen!«

Achten Sie nicht zuletzt darauf, dass Ihr Lob immer in einem angemessenen Verhältnis zur Leistung steht. Übertriebene Anerkennung ist keineswegs besser als spärliches Lob. Kinder spüren meist selber, wie gut sie eine Aufgabe bewältigt haben.

Wichtig: Die Folgen von Entmutigung

Wenn Sie sich vorwiegend mit den negativen Verhaltensweisen Ihres Kindes befassen, statt mit den positiven, kann das dazu führen, dass Ihr Kind verhängnisvolle Strategien entwickelt: Es versucht durch störendes oder provokatives Verhalten Ihre Aufmerksamkeit zu gewinnen, nach dem Motto: Lieber negativ wahrgenommen werden als gar nicht. Das kann einen Teufelskreis in Gang setzen. Denn je mehr Sie Ihr Kind für sein Benehmen ausschimpfen oder bestrafen, desto mehr verstärkt es sein negatives Verhalten, um sich für die erlittenen Verletzungen zu rächen.

Lenken Sie deshalb Ihren Blick auf die liebens- und lobenswerten Seiten Ihres Kindes und geben Sie ihm immer wieder die Bestätigung: »Ich liebe dich, so wie du bist – auch wenn du manchmal Dinge tust, die mir nicht gefallen.«

Wie Sie Kritik respektvoll äußern

Wenn Sie Ihr Kind in seinen Fähigkeiten bestärken und auf seine Bedürfnisse achten, so zeigen Sie ihm damit nicht nur Anerkennung, sondern auch Respekt.

Das bedeutet nicht, dass Sie Ihr Kind nur loben und niemals kritisieren dürfen. Wenn Sie Anlass zur Kritik sehen, sollten Sie diese ruhig zum Ausdruck bringen – es kommt nur darauf an, wie Sie das tun.

- Äußern Sie Ihre Kritik möglichst unter vier Augen und nicht in Anwesenheit Dritter, sonst könnte sich Ihr Kind vor den anderen gedemütigt fühlen.

- Versuchen Sie, Ihre Kritik in eine motivierende Formulierung zu verpacken: »Ich bin sicher, du kannst das besser. Probiere es einfach nochmals!« Damit machen Sie Ihrem Kind Mut, weil es merkt, dass Sie ihm etwas zutrauen.
- Auch störendes Verhalten können Sie mit einer positiven Kritik korrigieren. Statt »Brüll nicht so herum!« sagen Sie besser: »Bitte sprich leiser, ich verstehe dich auch so!«

Achten Sie grundsätzlich darauf, dass Sie Ihrem Kind nicht vor Augen führen, was es falsch macht, sondern ihm sagen, was es besser machen könnte. Gewöhnlich verstärkt sich bei Kindern das Verhalten, auf das die Erwachsenen ihre Aufmerksamkeit lenken. Statt auf schlechte Manieren richten Sie Ihren Blick deshalb lieber auf erwünschtes Verhalten.

9. Auf Gefühle eingehen

Weil Gefühle für den Umgang mit Wut- und Konfliktsituationen eine zentrale Rolle spielen, sollten Kinder so oft wie möglich die Gelegenheit bekommen, sich mit Gefühlen auseinanderzusetzen – mit ihren eigenen ebenso wie mit denen anderer Menschen. Dazu gehören nicht nur erwünschte Emotionen wie Freude, Zufriedenheit oder Begeisterung, sondern auch und gerade die wenig geduldeten Gefühle wie Ärger, Wut und Aggression. Auf diese Weise werden die beiden Grundpfeiler emotionaler Kompetenz angelegt: Das Kind lernt, seine eigenen Emotionen wahrzunehmen und sich in andere Menschen einzufühlen.

Emotionale Kompetenz fördern

Linda Lantieri, international bekannte Expertin für emotionales und soziales Lernen, hat zusammen mit Daniel Goleman, dem Autor von *Emotionale Intelligenz,* ein Übungsprogramm entwickelt, um die emotionale Kompetenz von Kindern zu fördern.[15] Die Übungen sind nach drei Altersstufen gegliedert: für Kinder von fünf bis sieben, von acht bis elf und ab zwölf Jahren. Das Programm beruht im Wesentlichen auf zwei Methoden:
- körperliche Entspannung durch progressive Muskelentspannung und Body-Scan,
- geistige Sammlung durch Achtsamkeitsübungen.

Diese beiden Methoden sind nach Auffassung der Autoren die Grundvoraussetzung dafür, dass Kinder innere Widerstandskraft entwickeln und ihre emotionalen Fähigkeiten verbessern können.

Doch nicht nur Kinder können von diesem Programm profitieren, auch Sie als Eltern. Indem Sie sich regelmäßig Zeit für ein ruhiges Beisammensein mit Ihrem Kind nehmen, können Sie mit der Zeit Ihre eigene Selbstwahrnehmung verbessern, größeres Verständnis für Ihr Kind entwickeln und achtsamer mit sich und Ihren Mitmenschen umgehen. So lernen Sie gemeinsam mit Ihrem Nachwuchs, die Auslöser von Ärger und Stress immer erfolgreicher zu meistern.

Lassen Sie Gefühle zu

»Nun mach nicht so ein missmutiges Gesicht, du verdirbst uns allen die Laune!« Sicher haben Sie einen Satz wie diesen schon mal gehört – vielleicht sogar selbst ausgesprochen. Es stimmt ja auch, dass Missmut, Frust und Ärger oft ansteckend wirken. Doch wenn Sie versuchen, bei Ihrem Kind solche Gefühle zu unterdrücken, fühlt es sich weder getröstet noch verstanden.

Manchmal versuchen Eltern sogar, die unwillkommenen Gefühlsäußerungen ihres Kindes mit einer Drohung zu verbieten: »Wenn du jetzt nicht sofort aufhörst zu heulen, schicke ich dich auf dein Zimmer!« – »Hör endlich auf zu jammern, sonst kannst du den Sonntagsausflug vergessen.«

So unbequem es sein mag: Versuchen Sie die Gefühle Ihres Kindes zu verstehen und auszuhalten. Jeder Mensch hat zuweilen schlechte Laune. Gestehen Sie Ihrem Sohn oder Ihrer Tochter das zu. Verzichten Sie darauf, solche Stimmungen zu unterdrücken, wegzulächeln oder durch demonstrative Fröhlichkeit darüber hinwegzugehen. Helfen Sie Ihrem Nachwuchs stattdessen, sich seiner Gefühle bewusst zu werden und sie zu akzeptieren.

Nennen Sie die Gefühle beim Namen

Um mit seiner Gefühlswelt vertraut zu werden, braucht Ihr Kind allerdings eine konkrete Vorstellung davon, wie seine Stimmungen und Gefühle auf seine Umwelt wirken. Deshalb sollten Sie ihm seine Gemütsäußerungen so genau wie möglich beschreiben und die entsprechenden Stimmungen mit möglichst treffenden Begriffen benennen:

- »Du strahlst ja übers ganze Gesicht. Ich glaube, du bist heute richtig fröhlich.«
- »Du siehst aus, als würdest du gleich weinen. Worüber bist du denn so traurig?«
- »Du scheinst dich sehr zu ärgern. Du siehst ganz grimmig aus.«

Wenn Sie die Gefühle auf diese Weise spiegeln (nicht vorhalten!), machen Sie sie für das Kind sichtbar. Gleichzeitig helfen Sie ihm, seine Empfindungen mit Worten zu benennen. Das spielt gerade für unangenehme Gefühle wie Wut und Ärger eine Rolle: Was sich beim Namen nennen lässt, ist nun einmal leichter anzunehmen und zu bewältigen.

In diesem Sinn sind die folgenden Spiele zu verstehen. Sie dienen dazu, dem Kind seine Gefühle besser bewusst und erfahrbar zu machen.

 Spiel 1: Was für ein Gesicht machst du?
Malen Sie Ihrem Kind mit einem Schminkstift eine bestimmte Stimmung ins Gesicht: fröhlich, traurig, zornig etc. Lassen Sie es erst raten, was für ein Gesicht Sie ihm aufgemalt haben, und danach seine Einschätzung im Spiegel überprüfen.

 Spiel 2: Das mag ich an dir
Die Familie stellt sich im Kreis auf. Ein Teilnehmer geht in die Mitte und schließt die Augen. Dann sollen die übrigen Familienmitglieder der Reihe nach sagen, was sie an ihm besonders mögen. Danach werden die Rollen getauscht und das Spiel wiederholt sich, bis jedes Familienmitglied an der Reihe war.

Spiel 3: Das kann ich gut

Die Familie bildet einen Stuhlkreis. Wer möchte, darf als Erster aufstehen, sich in die Mitte stellen und einen Satz sagen, der mit »Ich kann gut …« beginnt. Dann setzt sich der Teilnehmer und ein anderes Familienmitglied geht in die Mitte und nennt eine seiner Stärken. Zu jedem Satz mit »Ich kann gut …« können die anderen im Kreis eine ergänzende Bemerkung machen, die die Aussage bestätigen oder steigern. Grundsätzlich sind nur anerkennende Äußerungen erlaubt.

Spiel 4: Streitende Handpuppen

Ihr Kind sitzt Ihnen oder einem anderen Spielpartner gegenüber. Jeder Spieler trägt eine Handpuppe. Die Puppen sollen stellvertretend für die beiden Spieler einen Streit austragen. Dabei dürfen die Spieler mit ihrer Stimme alle Register ziehen: von wütendem Zischen bis hin zu zornigem Gebrüll. Dagegen müssen beide Spieler sehr genau auf ihre Wortwahl achten: Sie dürfen ihr Gegenüber nicht mit Schimpfwörtern beleidigen oder auf andere Weise mit Worten verletzen. Weil das alles andere als einfach ist, empfiehlt es sich, eine dritte Person als Beobachter einzusetzen, die bei Bedarf korrigierend eingreift.

Spiel 5: Gespiegelte Wut

Sie und Ihr Kind sitzen einander gegenüber. Ihr Kind zeigt eine wütende Geste, etwa eine geballte Faust, oder eine wütende Miene, und Sie ahmen seine Mimik und Gestik wie ein Spiegel nach. Nach einiger Zeit werden die Rollen getauscht. Nun ist Ihr Kind an der Reihe, Ihre Gefühlsäußerungen zu spiegeln. Am Ende überlegen Sie gemeinsam, wie sich die Gefühle, die Sie gerade gemimt haben, am treffendsten benennen lassen.

Spiel 6: Bilder vergleichen

Aus alten Zeitschriften schneiden Sie und Ihr Kind diverse Bilder aus, auf denen die Gesichter von Menschen abgebildet sind. Anschließend werden die Bilder nach Gesichtsausdrücken sortiert: fröhliche und traurige, lachende und ernste, überraschte und gelangweilte Gesichter. Je größer die Sammlung, desto vielfältiger die Nuancen. So lernt Ihr Kind, Gefühle zu unterscheiden und zu benennen.

Spiel 7: Gefühle-Thermometer

Ihr Kind oder Sie selbst malen auf einen Streifen Pappe oder Karton (ca. 10 Zentimeter breit und 50 Zentimeter hoch) mehrere Smiley-Gesichter, die verschiedene Stimmungen ausdrücken: von traurig über zornig bis fröhlich. Lassen Sie Ihr Kind mit einer Wäscheklammer das Gesicht markieren, das seiner augenblicklichen Stimmung am nächsten kommt.

Wenn Ihr Kind möchte, kann es das »Gefühle-Thermometer« außen an der Tür seines Zimmers aufhängen. So kann es Ihnen jederzeit seine aktuelle Gefühlslage anzeigen.

Spiel 8: Familienbriefkasten

Eine ausrangierte Schuhschachtel wird mit einem Schlitz im Deckel versehen und auf diese Weise zum Briefkasten umfunktioniert. Hier können alle Familienmitglieder ihre Notizen zu beliebigen Alltagserlebnissen einwerfen. Dabei beschreiben sie nicht nur das jeweilige Erlebnis, sondern auch das Gefühl, das dadurch ausgelöst wurde.

Am Ende der Woche wird der Briefkasten geleert. Die Familienmitglieder tauschen sich über die Notizen aus und überlegen gemeinsam: Wie fühle ich mich (bzw. würde ich mich fühlen), wenn ich so etwas erlebe? Wie kann ich darauf reagieren? Welche Wirkung kann meine Reaktion auf andere Menschen haben?

Das Spiel eignet sich in dieser Form erst für Kinder ab etwa acht Jahren. Für jüngere Kinder bietet sich eine vereinfachte Variante an: Statt ein Erlebnis in schriftlicher Form wiederzugeben, wird es in einem gemalten Bild festgehalten. Und statt einmal wöchentlich wird der Familienbriefkasten jeden Abend geleert, damit der zeitliche Abstand zum jeweiligen Ereignis nicht zu groß wird. So lässt sich der Familienbriefkasten in Form einer Tagesrückschau als allabendliches Ritual nutzen.

10. Gefühlvoll kommunizieren

Auch in Gesprächen mit dem Kind sollten wir stets darauf achten, Gefühle – sowohl die des Kindes als auch die eigenen – mit einzubeziehen. Hinderlich können sich dabei gewisse ungünstige Kommunikationsmuster auswirken, die wir aus unserer eigenen Kindheit übernommen haben und meist unbewusst anwenden – mit unerwünschten Folgen. Es kommt also darauf an, solche negativen Verhaltensweisen aufzuspüren und positive Alternativen zu finden.

Zuhören – verstehen – rückmelden

Manchmal funktioniert die Eltern-Kind-Kommunikation aus einem ganz einfachen Grund nicht: Das Interesse der Eltern deckt sich nicht mit dem Mitteilungsbedürfnis des Kindes. Anders ausgedrückt: Die Eltern wollen etwas anderes hören, als das Kind erzählen will, und blocken unwillkommene Äußerungen ab.

Angenommen, die siebenjährige Tochter kommt verstimmt aus der Schule nach Hause, zieht über ihre beste Freundin her, nennt sie eine »blöde Kuh« und sagt, sie wolle nichts mehr mit ihr zu tun haben. Hier fühlen sich Eltern leicht veranlasst, die Bemerkung zu korrigieren. Sie weisen ihr Kind zurecht (»Hör mal, so kannst du nicht von deiner besten Freundin reden!«), nehmen es ins Verhör (»Du hast doch nicht etwa einen Streit angefangen?«) oder setzen ihm eine fertige Lösung vor (»Morgen bringst du deiner Freundin eine Tafel Schokolade mit, dann wird alles wieder gut!«).

Solche Reaktionen haben leider eine ungute Wirkung: Das Kind sieht sich mit seinen Gefühlen weder verstanden noch ernst genommen.

Dabei braucht das Kind, gerade wenn es Zorn und Ärger mit sich herumträgt, eine Möglichkeit, seinem Herzen Luft zu machen. Das kann es jedoch nur, wenn Sie sich als Eltern mit vorschnellen Kommentaren zurückhalten und stattdessen einfühlsam zuhören. Die folgenden Tipps können Ihnen dabei helfen:

- Wenden Sie sich Ihrem Kind zu, nehmen Sie Blickkontakt mit ihm auf und lassen Sie an Ihrem Gesichtsausdruck und Ihrer Körperhaltung Aufnahmebereitschaft erkennen.
- Signalisieren Sie durch eine kurze Äußerung, dass Sie »ganz Ohr« sind: »Erzähl mal, ich höre dir zu.«
- Fassen Sie die Ausführungen des Kindes kurz in eigenen Worten zusammen und – sehr wichtig! – gehen Sie dabei auf die Gefühle des Kindes ein: »Dann hat sie sich also über dich lustig gemacht und das hat dir sehr wehgetan.«

Sie tun in jedem Fall gut daran, Ihre eigene Meinung zurückzuhalten und stattdessen Ihr Kind reden zu lassen. Damit beweisen Sie Respekt vor seinen Gefühlen. Ihr Nachwuchs wird zudem sicher bemerken, dass Sie es ihm überlassen, eine Lösung für sein Problem zu finden, und er wird stolz auf dieses Zutrauen sein. Oft ist es tatsächlich so, dass sich im Lauf des Erzählens mögliche Lösungswege auftun.

Sprechen Sie von sich und Ihren Gefühlen

Auch dies kann in einer Stresssituation schnell passieren: Die Mutter oder der Vater weist das Kind zurecht und verpasst ihm mit einer Du-Botschaft ein negatives Etikett: »Du bist so was von unbeherrscht!« – »Du hast überhaupt keine Manieren!«

Das Ungute an solchen Du-Botschaften ist, dass in ihnen oft Vorwürfe und Herabsetzungen mitschwingen, die das Kind verletzen. Manchmal kommen auch Drohungen in Du-Botschaften zum Ausdruck: »Du hörst sofort damit auf, sonst …!« – »Du wirst schon sehen, was du davon hast!«

81

Lernen Sie deshalb, Ich-Botschaften zu verwenden, in denen Sie Ihre eigenen Gefühle, Stimmungen und Wünsche zum Ausdruck bringen, anstatt Ihr Kind herabzusetzen. Überlegen Sie, welche Wirkung wohl eine Du-Botschaft wie diese haben mag: »Du bist ein richtiger Rüpel!« Vergleichen Sie dagegen die Wirkung dieser Ich-Botschaft: »Ich möchte nicht mit solchen Wörtern beschimpft werden.«

Mit einer Ich-Botschaft haben Sie wesentlich bessere Chancen, die Kooperation Ihres Kindes zu gewinnen, als mit einer zurechtweisenden Du-Botschaft.

Wichtig: Die Wirkung steigern

Eine weiteres Merkmal von Du-Botschaften: Sie stiften manchmal unnötig Verwirrung. Wenn Sie Ihrem Kind zum Beispiel vorhalten: »Du hast dich vorhin gegenüber Opa und Oma sehr unhöflich benommen«, weiß es damit noch lange nicht, was es falsch gemacht hat und wie es sich richtig verhalten hätte. Drücken Sie Ihre Erwartung daher mit einer klaren Ich-Botschaft aus: »Ich möchte, dass du Opa und Oma zur Begrüßung die Hand gibst.«

Einen noch besseren Effekt als einfache Ich-Botschaften erzielen dreiteilige Ich-Botschaften, in denen Sie

- eine Ausgangssituation in neutralen Worten beschreiben (»Wenn ...«),
- ausdrücken, was Sie fühlen (»bin/werde ich ...«),
- Ihre Gefühle erläutern (»weil ...«).

Beispiel: »Wenn du mir Schimpfwörter an den Kopf wirst, bin ich verletzt, weil ich mich respektlos behandelt fühle.«

Mit einer dreiteiligen Ich-Botschaft gelingt es Ihnen, Vorwürfe oder Zurechtweisungen zu vermeiden, mit denen Sie bei Ihrem Kind Abwehr erzeugen würden, und trotzdem das Problem zu benennen. Da Sie die Ausgangssituation – d.h. den

Grund Ihrer Beanstandung – in neutralen Worten schildern, wird sich Ihr Nachwuchs nicht so leicht angegriffen fühlen. Somit stehen Ihre Chancen gut, seine Einsicht und Kooperationsbereitschaft zu gewinnen.

> ### Wichtig: Keine Ängste wecken
> Es gibt einen weiteren bedeutsamen Grund, warum Eltern das (Fehl-)Verhalten ihres Kindes möglichst nicht in Form einer Du-Botschaft beanstanden sollten: Wenn sich das Kind durch elterliche Kritik persönlich angegriffen fühlt, so weckt dies bei ihm nur allzu leicht Zweifel und Ängste. Es befürchtet, dass die Eltern es nicht mehr lieb haben. Achten Sie deshalb sorgsam darauf, dass Sie stets nur das Verhalten Ihres Kindes kritisieren, niemals jedoch seine Persönlichkeit infrage stellen. Ihr Kind braucht mehr als alles andere die Bestätigung, dass Sie es so lieben, wie es ist – auch wenn es mal Fehler macht.

Was läuft da immer wieder schief?

Haben Sie als Mutter oder Vater festgestellt, dass es gewisse Reizthemen gibt, an denen sich regelmäßig Konflikte mit Ihrem Kind entzünden, und dass diese Konflikte in immer gleicher Weise ablaufen? Wenn ja, sollten Sie im Gespräch mit Ihrem Kind der Sache auf den Grund gehen. Wählen Sie dafür einen Moment, in dem kein Zeitdruck herrscht und in dem Sie beide in ausgeglichener Stimmung sind.

Ziel dieses Gesprächs ist nicht, die jeweiligen Streitthemen wiederaufzunehmen, um sie zu klären. Vielmehr geht es darum, dass sich beide Seiten über ihr jeweiliges Kommunikationsverhalten austauschen. Auch hier ist es wichtig, vorrangig über Gefühle zu reden: Was mag die Ursache dafür sein, dass sich die Situation zwischen uns plötzlich aufheizt? Woran kann es liegen, dass wir bei bestimmten Themen so heftig reagieren? Gibt es bestimmte

Reizwörter, mit denen wir uns gegenseitig auf die Palme bringen? Was geht in uns vor, wenn wir miteinander streiten? Was wollen wir mit unserem Verhalten bezwecken? Was wünschen wir uns voneinander, damit es künftig besser läuft?

Ein solches klärendes Gespräch schafft Verständnis füreinander und verbessert die Aussichten, zukünftige Konflikte besser zu bewältigen.

11. Spiele gegen Wut

Damit Kinder lernen, mit ihrer Wut angemessen umzugehen, brauchen sie nicht nur ein stabiles inneres Gleichgewicht, das sie davor bewahrt, bei missliebigen Erfahrungen sofort aus dem Häuschen zu geraten. Sie brauchen auch ein Ventil, um ihren angestauten Gefühlen Luft zu machen. Die folgenden Spiele[16], kommen diesem Bedürfnis entgegen. Sie helfen dem Kind, akute Wut und innere Spannungen abzubauen. Bei Spiel 16 bis 18 sollten Sie jedoch beachten, dass Zweikämpfe dieser Art nicht für den unmittelbaren Akutfall geeignet sind, da sonst die Gefahr besteht, den Gegner im Zorn zu verletzen.

Spiel 9: Stürzendes Dosendreieck

Türmen Sie zehn gleich große, leere Blechbüchsen zu einem Dreieck auf. Dann geben Sie Ihrem Kind einen Softball oder Tennisball in die Hand. Damit soll es auf das Dreieck zielen und möglichst viele Büchsen treffen. Es soll sich dabei vorstellen, dass es seinen Zorn und Ärger einfach »kaputt wirft«.

Spiel 10: So groß ist meine Wut!
Lassen Sie Ihr Kind auf folgende Weise seine Wut ausdrücken: Malen Sie in einem Abstand, den Ihr Nachwuchs bestimmen darf, eine Start- und eine Ziellinie auf den Boden. Am Start beginnt das Kind mit den Worten »So groß …« zu rennen, am Ziel ergänzt es »… ist meine Wut!« Das Kind soll so oft zwischen den beiden Linien hin- und herlaufen, wie sich seine Wut groß anfühlt. So kann es nicht nur seine Gefühle artikulieren, sondern beim Rennen auch Dampf ablassen.

Spiel 11: Wut-Percussion

Suchen Sie in der Küche einige Gegenstände zusammen, die sich als Schlaginstrumente für ein Percussion-Konzert verwenden lassen, z. B. Kochlöffel, Rührbesen oder Pfannenwender. Dann bekommt jeder Spieler einen stabilen Pappkarton, der als Trommel dient. Dann kann das Trommelkonzert beginnen. Zuvor wird vereinbart, wie das Zusammenspiel verlaufen soll: z. B. dass alle ganz leise zu trommeln beginnen und immer lauter werden, bis am Ende auf ein Signal hin der letzte »Paukenschlag« ertönt.

Spiel 12: Geplättete Wut

Geben Sie Ihrem wütenden Kind einen leeren Eierkarton. Den darf es auf der Unterseite mit lauter Wutsymbolen bemalen: z. B. mit einem Blitz, einem Hammer, einer Wutgrimasse oder einer Fantasiefigur, die seinen Zorn zum Ausdruck bringt. Wenn es damit fertig ist, darf es die Eierschachtel auf den Boden legen und darauf herumtrampeln, bis alle Bilder platt getreten sind.

Spiel 13: Luftballon-Raufköpfe

Das Kind wählt einen Kampfgegner aus. Beide Spieler blasen einen Luftballon auf, knoten ihn zu und malen darauf ein wütendes Gesicht. Dann beginnt der Kampf: Die Spieler packen ihren Ballon am verknoteten Ende und schlagen die Luftballon-Raufköpfe so lange gegeneinander, bis aller Ärger verflogen ist.

Spiel 14: Luftballontreten

Zwei Luftballons werden aufgeblasen und verknotet. Das Kind und sein Spielpartner binden sich je einen Luftballon mit einer Schnur um das Fußgelenk. Auf Kommando fangen beide Kinder zu laufen an. Jedes versucht, auf den Luftballon des Mitspielers zu treten. Wer zuerst den Luftballon des Gegners zum Platzen bringt, hat gewonnen.

Spiel 15: Wut in Form

Geben Sie Ihrem Kind einen Klumpen Modelliermasse (Ton oder Knete) in die Hand, den es mit aller Energie bearbeiten darf: Es kann den Klumpen kneten, schlagen, auseinanderreißen oder auf die Arbeitsunterlage werfen, bis sein Zorn verraucht ist.

Spiel 16: Gemalte Wut-Figuren

Legen Sie vor Ihrem Kind einen großen Bogen Papier oder ein Stück Tapetenrolle auf den Tisch. Geben Sie ihm zwei dicke Stifte in die Hände, den einen in die linke, den anderen in die rechte; die Farben, die seine Wut am besten ausdrücken, soll es möglichst selbst aussuchen. Nun malt das Kind mit beiden Fäusten gleichzeitig Wut-Figuren aufs Papier. Zum Schluss betrachten Sie gemeinsam das Bild, mit dem es seinem Ärger Luft gemacht hat, und unterhalten sich eventuell darüber.

Spiel 17: Zeitungsfechten

Als Erstes werden aus alten Zeitungsseiten zwei »Degen« angefertigt: Dazu rollt man jeweils einige Zeitungsseiten der Länge nach zusammen und umwickelt sie mit Klebeband. Dann kann sich Ihr Kind einen Spielpartner auswählen, mit dem es fechten möchte. Als Spielregel gilt: Beim Fechten darf nur der »Degen« des Gegenübers getroffen werden, nicht der Spielpartner selbst.

Spiel 18: Kampf der Einbeinigen

Ihr Kind stellt sich einem anderen (etwa gleich großen und gleich schweren) Spieler gegenüber zum Kampf auf. Beide verschränken die Arme vor der Brust. Nach dem Startsignal beginnen sie, auf einem Bein zu hüpfen, und versuchen dabei, ihr Gegenüber anzurempeln und aus dem Gleichgewicht zu bringen. Sobald ein Spieler die Balance verliert und das zweite Bein auf dem Boden aufsetzt, hat er verloren und eine neue Runde beginnt.

12. Bewegung in den Alltag bringen

Wenn wir unsere Sicht einmal verändern und Kinder, die leicht ausrasten, nicht einfach nur als destruktiv ansehen, sondern als »energiegeladen«, dann wird uns sofort klar, was diese Kinder brauchen: viele Möglichkeiten, ihre Energie und ihren Bewegungsdrang auszuleben – so oft es geht im Freien.

Die folgenden Spiele sind auf diese Bedürfnisse zugeschnitten. Bei den Lauf-, Fang- und Tobespielen für drinnen und draußen kann das Kind nicht nur überschüssige Energien abbauen, es verbessert auch sein Körpergeschick und lernt, seine Kräfte sinnvoll einzusetzen. Da für die meisten Spielvorschläge mehrere Mitspieler erforderlich sind, sollten Sie als Eltern das ruhig zum Anlass nehmen, sich hin und wieder am Spiel Ihrer Kinder zu beteiligen. Das erzeugt ein schönes Gefühl der Zusammengehörigkeit.

Spiel 19: Inselhüpfen
Auf dem Boden werden mehrere rutschfeste Matten (z. B. Fußabstreifer oder Teppichbodenreste) ausgelegt; das sind die Rettungsinseln. Das Kind darf sich eine Insel als Ausgangspunkt aussuchen und versucht dann, durch einen gezielten Sprung auf eine Nachbarinsel zu kommen. Dabei muss es Acht geben, dass es nicht ins Wasser fällt. Je größer die Abstände der Inseln, desto mehr Kraft und Körpergeschick sind erforderlich. Am Ende sollte das Kind wohlbehalten zu seinem Ausgangspunkt zurückkehren.

Spiel 20: Her mit den Klammern!
Dieses Lauf- und Fangspiel für zwei und mehr Spieler eignet sich für drinnen und draußen. Jeder Spieler heftet sich fünf Wäscheklammern an seine Kleidung. Auf »Los« fangen alle zu laufen an.

Dabei versucht jeder, sich bei seinem Mitspieler eine Klammer zu schnappen und sie an die eigene Kleidung zu heften. Beim Signal »Schluss!« ist das Spiel zu Ende. Gewonnen hat, wer die meisten Klammern gehortet hat.

Spiel 21: Luftballon-Pingpong

Ein Spielfeld (im Zimmer oder im Freien) wird durch eine gespannte Schnur in zwei Hälften geteilt. Die Spieler bilden zwei Mannschaften, die sich auf den beiden Spielfeldhälften einander gegenüber aufstellen. Auf »Los« wird ein Luftballon mit den Handflächen oder mit Federballschlägern über die Schnur hinweg zwischen den Mannschaften hin- und hergespielt. Fällt der Luftballon auf einer Seite zu Boden, so bekommt die jeweilige Mannschaft einen Strafpunkt. Sieger wird die Mannschaft, die nach Ablauf der vereinbarten Spielzeit die wenigsten Strafpunkte bekommen hat.

Spiel 22: Der Storch und die Frösche

Auf einem abgegrenzten Spielfeld von etwa fünf mal fünf Meter Größe zeichnen Sie mit Straßenkreide einen Kreis von ca. 60 bis 80 Zentimeter Durchmesser auf den Boden. Ein Spieler wird zum Storch gewählt, die übrigen sind die Frösche. Der Storch stellt sich etwa zehn Meter vom Kreis entfernt auf ein Bein, die Frösche reihen sich vor ihm auf und gehen in die Hocke. Auf Kommando bewegen sich alle Frösche hüpfend vorwärts – und das so schnell wie möglich, denn der Storch hüpft auf einem Bein hinter ihnen her und versucht sie zu erwischen. Der Spielfeldrand darf nicht übertreten werden. Wenn ein Frosch den Kreis erreicht und hineinspringt, darf er dort maximal zehn Sekunden ausruhen. Dann muss er weiterhüpfen und die »Rettungsinsel« einem anderen Frosch überlassen. Hat der Storch einen Frosch geschnappt, muss dieser seine Rolle übernehmen.

Spiel 23: Schattenfangen

Bei Sonnenschein im Freien ist dieses Laufspiel für zwei und mehr Spieler ein idealer Zeitvertreib für Große und Kleine. Jeder Spieler versucht, einen anderen beim Laufen einzuholen und auf dessen Schatten zu treten. Gleichzeitig muss er aufpassen, dass sein eigener Schatten nicht von einem Mitspieler betreten wird. Wer nach Ablauf der vereinbarten Spielzeit die meisten Schatten »gefangen« hat, hat gewonnen.

Spiel 24: Kästchenhüpfen

Zeichnen Sie mit Straßenkreide ein großes Quadrat (etwa 100 x 100 Zentimeter) auf den Boden. Dann unterteilen Sie das große Quadrat in neun kleine, also in drei Reihen à drei Quadrate. Beschriften Sie die Kästchen mit den Zahlen 1 bis 9 – jedoch nicht der Reihe nach, sondern in willkürlicher Reihenfolge. Das Kind soll nun auf einem Bein in das Kästchen mit der 1 hüpfen und die Zahlenfolge bis zur 9 durchspringen.

Für Kinder ab etwa acht Jahren können Sie die Anforderung steigern. Erweitern Sie die Anzahl der Kästchen auf zwölf und beschriften Sie sie anstatt mit Zahlen mit Buchstaben, die häufig gebraucht werden: etwa A, D, E, G, I, L, N, O, R, S, T, U. Das Kind soll aus einigen der Buchstaben ein Wort bilden und die Buchstabenreihenfolge durchspringen. Diese Spielvariante stellt nicht nur Ansprüche an das Körpergeschick des Kindes, sondern auch an seine sprachlichen Fähigkeiten, und weckt damit seinen Ehrgeiz.

Spiel 25: Schleuderball

Stecken Sie einen Softball oder Tennisball in einen alten Kniestrumpf und verschließen Sie den Strumpf mit einem Knoten. Das Kind fasst den Strumpf am langen, offenen Ende, lässt ihn eine Weile mit ausgestrecktem Arm um die Schulter kreisen und schleudert ihn im Freien so weit von sich, wie es kann.

Alternativ kann der Schleuderball zwischen zwei Spielpartnern hin- und hergeworfen werden. Das ist gar nicht so einfach, denn durch die Kreisbewegungen lässt sich die Flugrichtung nicht genau bestimmen. Umso größer ist der Spaß, wenn die Kinder merken, dass der Schleuderball fliegt, wohin er will, und der Fänger blitzschnell reagieren muss.

Spiel 26: Lauf, so weit du kannst!

Ein Spieler bekommt einen Ball und stellt sich in die Mitte. Die übrigen bilden einen engen Kreis um ihn herum. Nun wird der Ball mindestens drei Meter hoch in die Luft geworfen und die Mitspieler laufen so schnell sie können in alle Richtungen davon. Sobald der Spieler den Ball auffängt, ruft er laut »Stopp!« und alle müssen augenblicklich stehen bleiben. Der Spieler sucht sich nun einen Mitspieler als Zielscheibe aus und versucht, ihn mit dem Ball zu treffen. Misslingt ihm das, muss er das Spiel von vorn beginnen und den Ball erneut hochwerfen. Schafft er es, einen Mitspieler zu erwischen, muss sich der Getroffene als Werfer in die Mitte stellen.

Spiel 27: Drachenschwanzfangen

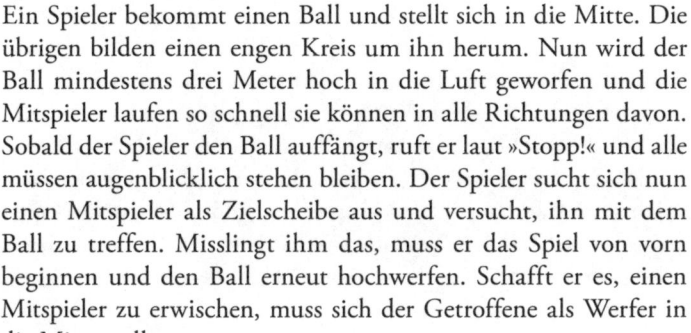

Die Spieler stellen sich hintereinander in einer Reihe auf, jeder umfasst die Taille seines Vordermanns. Der letzte Spieler in der Reihe bekommt ein langes Tuch oder eine dicke Schnur so um die Taille gebunden, dass eines der Enden zu Boden hängt; das ist der Drachenschwanz. Der erste Spieler in der Reihe ist der Drachenkopf. Er versucht, den Drachenkörper so durch das Gelände zu lenken, dass er den Schwanz zu fassen bekommt. Doch das ist nicht so einfach, denn das Hinterteil bewegt sich im Zickzack und versucht, so geschickt wie möglich auszuweichen. Hat der Drachenkopf den Schwanz erwischt, muss der letzte Spieler in der Reihe nach vorn und das Spiel beginnt von Neuem.

Spiel 28: Jäger und Hasen

Als Erstes wird durch Losen oder Auszählen der Jäger ausgewählt. Die übrigen Mitspieler sind die Hasen. Der Jäger bekommt einen Ball, läuft den Hasen hinterher und versucht, einen von ihnen mit dem Ball zu treffen. Sobald er einen Hasen erwischt hat, wird dieser ebenfalls zum Jäger. Die Jäger müssen sich nun beim Laufen gegenseitig den Ball zuspielen, während sie den übrigen Hasen hinterherlaufen. Wer als letzter Hase übrig bleibt, ist Sieger und darf beim nächsten Spiel der Jäger sein.

Wichtig: Sich selbst bewegen statt bewegt werden
Lassen Sie Ihr Kind möglichst viele Wege zu Fuß oder mit dem Fahrrad zurücklegen, anstatt es mit dem Auto zu kutschieren. Solange es noch zu klein ist, um allein zu gehen, können Sie sich ja mit anderen Eltern absprechen und abwechselnd eine Gruppe von Kindern begleiten. So hat Ihr Kind schon auf dem Weg zur Kita, zur Schule oder zum Nachmittagskurs eine Portion Bewegung, die ihm guttut.

13. Wahrnehmung spielerisch fördern

Kinder, bei denen die Sinneswahrnehmung in einzelnen Bereichen nicht optimal entwickelt ist, gebärden sich oft reizbar und aggressiv; das kam in Teil 1, Kapitel 6 »Die Bedeutung der Sinneswahrnehmung« schon zur Sprache. In vielen Fällen ist therapeutische Hilfe nicht unbedingt notwendig. Sie können als Eltern jedoch vielfältige Möglichkeiten nutzen, die Wahrnehmung Ihres Kindes zu fördern: mit Spielen für die Seh- und Hörwahrnehmung, für den Tastsinn, das Gleichgewicht und die Körperwahrnehmung.

Auch im normalen Alltagsablauf können Sie Ihren Nachwuchs gezielt fördern, indem Sie ihm – in doppelter Bedeutung des Wortes – »sinn-volle« Aufgaben übertragen. Einige Anregungen dazu finden Sie am Ende dieses Kapitels.

Spiel 29: Sachen suchen

Fordern Sie Ihr Kind auf, sich in der Umgebung nach Gegenständen mit bestimmten Eigenschaften umzusehen: »Wo findest du etwas Grünes – etwas Weiches – etwas Rundes ...?« Für größere Kinder: »Wo siehst du etwas, das mit dem Buchstaben A, E, L, S ... beginnt?«

Dieses Spiel schärft die Sehwahrnehmung des Kindes, speziell die Fähigkeit, Formen und Gestalten zu erkennen und sie nach bestimmten Eigenschaften voneinander zu unterscheiden. Nebenbei ist das Spiel nicht nur zu Hause, sondern auch unterwegs ein angenehmer Zeitvertreib, weil es zum Beispiel lästige Wartezeiten (ein nicht zu unterschätzender Auslöser von Wut und Aggressionen!) überbrücken hilft.

Spiel 30: »Verrückte« Gegenstände

Während Ihr Kind vor der Zimmertür wartet, wählen Sie einen Gegenstand im Raum aus und stellen ihn an einen Platz, wo er nicht hingehört: beispielsweise einen Esslöffel in die Blumenvase oder eine Topfpflanze auf den Küchenherd. Dann rufen Sie das Kind herein. Es soll versuchen, den »verrückten« Gegenstand zu finden.

Hier kommt es auf genaues Beobachten an; das fördert die Sehwahrnehmung des Kindes.

Spiel 31: Höre den Geist

Das Kind setzt sich auf einen Stuhl und bekommt die Augen verbunden. Dann bewegen Sie sich auf Socken (geräuschlos wie ein Geist) zu einer ausgewählten Stelle im Zimmer und erzeugen ein Geräusch, indem Sie beispielsweise zwei Steine oder zwei Kochlöffel gegeneinander schlagen. Das Kind soll mit dem Finger in die Richtung zeigen, in der es den »Geist« vermutet. Sie können sich eventuell ein Stück durch den Raum bewegen, während Sie mehrmals nacheinander das Geräusch erzeugen. Das Kind soll in diesem Fall die Richtung bestimmen, in die sich das Geräusch bewegt hat.

Dieses Spiel trainiert die Hörwahrnehmung des Kindes, speziell das Lokalisieren von Geräuschen und das Richtungshören.

Spiel 32: Was macht Geräusche?

Während Ihr Kind vor der Zimmertür wartet, stellen Sie verschiedene Objekte auf den Tisch, mit denen Sie Geräusche erzeugen können: Topf, Teller, Kochlöffel, Besteck, Flasche, Münzen, Stifte, Holzbausteine etc. Bedecken Sie die Gegenstände mit einem Tuch und rufen Sie das Kind herein. Es soll sich mit dem Rücken zum Tisch setzen und die Augen schließen. Wählen Sie ein oder mehrere Objekte aus und bringen Sie sie zum Klingen, indem Sie z. B. Besteck, Stifte oder Holzbausteine gegeneinanderschlagen oder mit den Münzen klimpern. Das Kind soll sagen, wie und mit welchen Gegenständen Sie das Geräusch erzeugt haben, und kann sich danach durch einen Test überzeugen, ob es richtig geraten hat. Bei einem älteren Kind lässt sich die Spielanforderung steigern, indem man es mehrere Geräusche nacheinander hören lässt, die es anschließend in der richtigen Reihenfolge wiedergeben soll.

Auf diese Weise trainiert das Kind seine Hörwahrnehmung, indem es verschiedene Geräusche zu identifizieren übt.

Spiel 33: Wo klingelt es?

Schicken Sie Ihren Nachwuchs aus dem Zimmer und verstecken Sie ein Handy im Raum. Dann erzeugen Sie mithilfe verschiedener Geräte eine permanente Geräuschkulisse, etwa indem Sie den Fernseher anmachen, Musik abspielen oder den Staubsauger einschalten. Bei größeren Kindern dürfen es ruhig zwei oder drei Geräuschquellen sein. Rufen Sie nun Ihr Kind herein und lassen Sie das Handy klingeln. Wie lange braucht es, um das Versteck zu finden?

Hier werden hohe Ansprüche an die auditive Wahrnehmung gestellt, insbesondere an die Fähigkeit, ein bestimmtes Geräusch aus einer Geräuschkulisse herauszufiltern.

Spiel 34: Blind puzzeln

Für dieses Spiel brauchen Sie ein einfaches Puzzle – idealerweise ein Holzpuzzle für Kleinkinder, das aus sechs bis acht Teilen besteht. Ihr Kind soll sich die Teile zunächst genau anschauen. Dann bekommt es die Augen verbunden, die Teile werden gemischt und das Kind muss versuchen, sie blind richtig zusammenzusetzen.

Dieses Spiel fördert sehr effektiv den Tastsinn des Kindes, das Erkennen von Figuren sowie die räumliche Wahrnehmung.

Spiel 35: Ich fühle mein Zimmer

Verbinden Sie Ihrem Kind die Augen und führen Sie es langsam durch sein Zimmer. Es soll mit ausgestreckten Armen die Gegenstände ertasten, die es in die Hände bekommt, und dabei ihre Eigenschaften prüfen und benennen: Was ist weich, was ist hart? Was ist glatt, was ist rau? Welche Gegenstände fühlen sich kühl, welche warm an?

Bei diesem Spiel lernt das Kind, verschiedene Tastreize bewusst voneinander zu unterscheiden.

Spiel 36: Wo warst du gerade?

Bei einem Spaziergang verbinden Sie dem Kind die Augen, drehen es im Kreis und führen es an eine ausgewählte Stelle, z. B. zu einem Felsen oder Baum, den es mit den Händen erkunden soll. Dann lotsen Sie das Kind über Umwege zurück zum Ausgangspunkt und nehmen ihm die Augenbinde ab. Findet es die Stelle wieder?

Dieses Spiel fördert den Tastsinn und schult die räumliche Wahrnehmung und das Konzentrationsvermögen.

Spiel 37: Was wiegt mehr?

Füllen Sie zwei gleich große, undurchsichtige Behälter mit verschiedenen Materialien, z. B. den einen Behälter mit Reis, den anderen mit Haferflocken. Den einen Behälter legen Sie dem Kind in die rechte Hand, den anderen in die linke und lassen es abwägen, welche Seite wohl die schwerere ist. Danach überprüfen Sie die Einschätzung mit einer Küchenwaage.

Alternativ können Sie dem Kind verschiedene Dinge geben, etwa in die linke Hand einen Apfel, in die rechte eine Packung Cornflakes. Das erhöht den Schwierigkeitsgrad des Spiels, da das Gewicht eines Gegenstandes nicht von seiner Größe abhängt.

Auf diese Weise wird vor allem der Muskel- und Stellungssinn und damit die Eigenwahrnehmung des Kindes gefördert.

Spiel 38: Simuliertes Ballspiel

Die Spieler stehen einander gegenüber oder bilden einen Kreis. Einer beginnt und wirft seinem Gegenüber einen imaginären Ball zu. Der Spieler fängt ihn auf und wirft ihn zurück – oder spielt ihn einem anderen Spieler zu. Der Fänger muss sich in seiner Wurfpantomime dabei dem Werfer anpassen, also genau beobachten, ob es sich um einen leichten oder schweren, einen großen oder kleinen Ball handelt. Sobald er den Ball selbst wirft, darf er die Art des Balls neu bestimmen.

Durch dieses Spiel bekommt das Kind ein besseres Gespür für Bewegungsabläufe und Kraftdosierung.

Spiel 39: Rollend in Kontakt bleiben

Zwei Spieler ziehen ihre Schuhe aus legen sich so auf den Boden, dass sich ihre Fußsohlen berühren. Ein Spielleiter gibt das Startsignal und die Spieler beginnen, in eine vorgegebene Richtung zu rollen. Dabei müssen sie sorgfältig darauf achten, dass ihre Fußsohlen ständig in Kontakt bleiben. Sobald sich die Füße voneinander lösen, ist das Spiel zu Ende und die Rollstrecke wird überprüft. Dann kann ein neues Spiel beginnen; bei mehr als zwei Spielern ist nun das nächste Paar an der Reihe. Welches Paar schafft es, die weiteste Strecke zurückzulegen, ohne den Kontakt zueinander zu verlieren?

Dieses Spiel schult zum einen den Tast- und Gleichgewichtssinn, zum anderen verbessert es die Körpergeschicklichkeit und Koordination.

Spiel 40: Barfuß balancieren

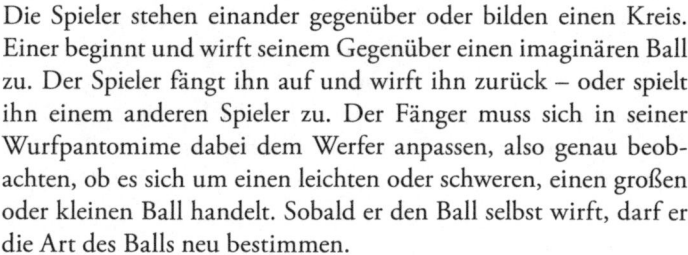

Legen Sie im Haus oder im Freien einen Balancierparcours an. Als Material bieten sich stabile Kisten und Eimer, splitterfreie Holzscheiben und dicke Seile an. Verteilen Sie das Material so über den Boden, dass ein großzügiger Rundweg mit geraden und kurvigen Strecken entsteht. Über diesen Parcours kann das Kind barfuß balancieren, wenn nötig mit einem Besenstiel als Balancierstange. Für größere Kinder kann man den Schwierigkeitsgrad steigern, indem man sie auf den geraden, ebenerdigen Strecken mit geschlossenen Augen balancieren lässt.

Auf diese Weise übt das Kind sein Gleichgewicht und seine Körpergeschicklichkeit; beim Barfußlaufen wird außerdem sein Tastsinn angesprochen.

Hinaus in die Natur

Die Natur ist nicht nur der größte Spiel- und Sportplatz, sondern auch die beste Schule der Welt. Gehen Sie mit Ihrem Nachwuchs deshalb so oft wie möglich ins Freie. Nichts regt die Sinne mehr an als Erfahrungen in der Natur. Kinder besitzen die Gabe, ganz in ihrer Erlebniswelt zu versinken. Deshalb können sie ihre Umwelt viel intensiver wahrnehmen als wir Erwachsenen. Gönnen Sie Ihrem Kind möglichst viele Momente, in denen es ganz bei sich sein und die Natur mit allen Sinnen wahrnehmen kann. Lassen Sie es erleben, wie sich ein Krabbelkäfer oder ein Regenwurm in der Hand anfühlt. Lassen Sie es ausprobieren, was man mit Steinen, Sand oder Wasser alles anstellen kann. Geben Sie ihm Gelegenheit, beim Laufen, Springen, Klettern und Balancieren seine Geschicklichkeit und Körperkoordination zu üben. So kann es seine körperlichen Fähigkeiten ausgiebig erproben und dabei Bewegungssicherheit und Selbstvertrauen entwickeln. Das hilft ihm, körperlich und seelisch in Balance zu bleiben.

Besuchen Sie mit Ihrem Kind gelegentlich einen Barfußpfad, der mit verschiedenen Materialien wie Steinen, Sand, Holz oder Rindenmulch ausgelegt ist. Hier kann Ihr Nachwuchs den Untergrund mit blanken Fußsohlen erkunden – eine intensive Spürerfahrung, die nicht nur für Kinder, sondern auch für Erwachsene ihren Reiz hat. Probieren Sie es aus! Adressen von Barfußparks in Deutschland, Österreich und der Schweiz finden Sie unter den Links im Anhang dieses Buchs.

Im Haushalt mithelfen lassen

Nicht nur beim Spielen, sondern auch im normalen Alltag können Sie die Sinneswahrnehmung Ihres Kindes gezielt fördern, zum Beispiel, indem Sie es zur Mithilfe im Haushalt heranziehen. Hier nur einige Möglichkeiten:

- Bitten Sie Ihr Kind, Ihnen beim Sortieren frisch gewaschener Socken zu helfen. Das schärft seine Sehwahrnehmung, denn hier kommt es darauf an, die Socken nach Größe, Farbe und Muster zu unterscheiden und sie deckungsgleich aufeinanderzulegen.
- Geben Sie Ihrem Nachwuchs einen Rührbesen in die Hand und lassen Sie ihn damit einen Teig rühren: Die kreisförmigen Bewegungen beim Rühren vermitteln ihm eine räumliche Vorstellung; der Krafteinsatz aktiviert die Muskeln und der koordinierte Einsatz der Arme (die Rührschüssel halten und gleichzeitig umrühren) trainiert die Körperkoordination.
- Lassen Sie Ihr Kind beim Tragen von leichten Lasten mithelfen. Das trainiert seine Muskeln und damit seine Eigenwahrnehmung.

Es gibt noch viele andere Tätigkeiten, die schon Kinder im Vorschulalter bewältigen können, etwa den Tisch decken, den Müll entsorgen oder kleine Besorgungen machen. Wann immer Sie die Hilfe Ihres Kindes in Anspruch nehmen, zeigen Sie ihm Ihre Anerkennung. Damit stärken Sie sein Zugehörigkeits- und Selbstwertgefühl.

14. Entspannen und Stress abbauen

Kinder, die allzu viel Stress, Hektik und Umweltreizen ausgesetzt sind und darauf verstärkt mit Wut und Aggressionen reagieren, brauchen als Ausgleich einen Gegenpol, der ihnen hilft, seelisch wieder in Balance zu kommen. Ruhe-Inseln und Entspannungsübungen spielen hierbei eine wichtige Rolle. Die folgenden Übungen[17] helfen Ihrem Kind, mit Stress und ganz allgemein mit belastenden Situationen besser umzugehen.

Als Eltern können Sie solche Gelegenheiten für liebevolle Momente der Zuwendung nutzen, indem Sie Ihrem Kind eine Massage geben oder ihm eine Geschichte zum Loslassen und Entspannen erzählen.

Übung 1: Ich bin ein Luftballon

Das Kind legt sich auf eine Matte am Boden und stellt sich vor, es sei ein leerer Luftballon. Anfangs ist der Ballon ganz dünn und schlaff, doch dann wird er langsam aufgeblasen: Bei jedem Atemzug füllt sich der Körper des Kindes zunehmend mit Luft. Der Brustkorb weitet sich, das Kind breitet die Arme aus und richtet sich allmählich auf. Ganz breitbeinig steht es nun da, die Arme zur Seite gestreckt. Am Ende ist der Luftballon fast bis zum Platzen gefüllt.

Nun wird die Luft aus dem Ballon abgelassen. Mit einem lauten Pusten bläst das Kind die Luft aus seinen Lungen, gleichzeitig wird sein Körper dünner, die Arme werden schlaff und das Kind sinkt zurück auf die Matte, wo es noch eine Weile ruhig liegen bleibt.

Übung 2: Der Atem geht spazieren

Auf einem Rundgang durch das (Wohn-)Zimmer begibt sich das Kind auf Entdeckungsreise: Während es langsam durch den Raum spaziert, sucht es nach Objekten, die es mit seinem Atem bewegen kann: zum Beispiel ein Blatt Papier, eine Pflanze oder den Vorhang. Jedes Mal, wenn es etwas Passendes entdeckt hat, holt es tief Luft und pustet den Gegenstand langsam, aber intensiv an, bis es keine Luft mehr in den Lungen hat.

Übung 3: Von Kopf bis Fuß

Das Kind liegt auf einer bequemen Unterlage entspannt auf dem Rücken. Im Hintergrund läuft leise, entspannende Musik. Geben Sie Ihrem Kind nun mit ruhiger Stimme folgende Anweisungen:

- Mach deine Augen zu und atme ein paarmal ganz langsam tief ein und aus.
- Zieh deine Zehen ein, als ob sie Krallen wären und du mit ihnen etwas greifen möchtest.
- Male mit den großen Zehen Kreise, von außen nach innen und dann von innen nach außen.
- Zieh deine Knie an und stelle die Fußsohlen auf den Boden. Dann heb deinen Po ein paar Zentimeter vom Boden weg und lass ihn wieder sinken. Streck deine Beine wieder aus.
- Zieh deine Schultern so weit zu den Ohren hoch, wie es geht, und lass sie wieder sinken.
- Balle deine Hände so fest zu Fäusten, wie du kannst. Dann öffne deine Handflächen wieder.
- Schließ deinen Mund ganz fest und blas die Backen auf, als wären sie ein Luftballon. Dann lass durch die geschlossenen Lippen die Luft entweichen.
- Bleib jetzt noch ein wenig liegen und dann öffne deine Augen wieder.

Übung 4: Fest im Boden verwurzelt

Das Kind zieht seine Schuhe, eventuell auch seine Socken aus und stellt sich aufrecht hin, die Füße ungefähr in Hüftbreite. Es schließt die Augen und soll sich vorstellen, es sei ein Grashalm, der fest im Boden verwurzelt ist.

Stellen Sie sich hinter das Kind und pusten Sie es kräftig an, um anzudeuten, dass ein starker Wind aufkommt. Das Kind soll auf Ihre Anweisung hin nun mit dem Körper vor und zurück pendeln, wie ein Grashalm, der sich im Wind wiegt. Dabei soll es darauf achten, dass es seine Körperspannung beibehält. Als Nächstes stellen Sie sich seitlich neben das Kind und lassen erneut Wind aufkommen. Nun pendelt der Körper von links nach rechts und zurück. Sie wechseln erneut die Position und stellen sich schräg rechts hinter das Kind; es pendelt nun in der Diagonale. Als Letztes stehen Sie schräg links hinter dem Kind, sodass es sich in die andere Diagonale bewegt. Zum Schluss lässt der Wind nach und der Grashalm findet allmählich zur Ruhe.

Diese Übung vermittelt dem Kind Halt und das sichere Gefühl, fest im Boden verwurzelt zu sein.

Übung 5: Alle meine Kuscheltiere

Das Kind legt sich in Rücken- oder Bauchlage auf eine bequeme Unterlage und schließt die Augen. Dann nehmen Sie ein Kuscheltier und setzen es mit einem kurzen Kommentar (»Hier kommt der Teddybär!«) auf einer Körperstelle des Kindes ab. Nach einer Weile folgt ein zweites und nach einer kleinen Pause immer ein weiteres Kuscheltier, das Sie jeweils benennen. Wenn alle Stofftiere über den Körper verteilt sind, legen Sie eine Decke darüber, sodass sich das Kind wohlig »eingekuschelt« fühlt. Es folgt eine längere Entspannungspause (eventuell mit ruhiger Musik), dann werden die Spielsachen nach und nach abgenommen. Zum Schluss öffnet das Kind die Augen und sieht sich die Tiere an, die ihm als Kuscheldecke gedient haben.

Übung 6: Ein Bild auf meinem Rücken

Setzen Sie sich hinter das aufrecht sitzende oder neben das in Bauchlage liegende Kind. Malen Sie mit Ihrem Zeigefinger eine Figur auf seinen Rücken. Je nach Alter und Entwicklungsstand wählen Sie dabei eine einfache Form (Kreis, Dreieck, Viereck, Pfeil) oder ein schwierigeres Motiv (Schiff, Haus, Auto, Blume). Ihr Kind soll erspüren, um welches Bildmotiv es sich handelt.

Übung 7: Fußmassage mit Igelball

Das Kind stellt sich barfuß oder in Socken aufrecht hin. Vor seinen Füßen liegt ein Igelball. Darauf stellt das Kind seinen rechten Fuß und beginnt, ihn in verschiedene Richtungen zu bewegen, sodass der Igelball die gesamte Fußsohle einschließlich der Zehen und Außenkanten massiert. Zum Schluss drückt es seine Fußsohle so kräftig auf den Igelball, wie es ihm gerade noch angenehm ist. Anschließend schüttelt es den Fuß aus und wiederholt die Massage mit dem linken Fuß.

Übung 8: Bürstenmassage

Wieder liegt das Kind in Bauchlage auf einer bequemen Unterlage und hat die Augen geschlossen. Sie nehmen eine weiche Bürste, beispielsweise eine Kleiderbürste oder einen Rasierpinsel, und massieren damit seinen Körper. Beginnen Sie bei der rechten Schulter und streichen Sie mit der Bürste seitlich an der Wirbelsäule entlang über die rechte Pobacke bis hinunter zur Ferse. Danach wiederholen Sie das Ganze auf der linken Seite. Nun setzen Sie erneut bei der rechten Schulter an und bürsten den rechten Arm entlang bis zu den Fingerspitzen. Zum Schluss wiederholen Sie das Ganze auf der linken Seite.

Übung 9: Auf der grünen Wiese

Auch bei dieser Übung legt sich das Kind in Bauchlage auf eine bequeme Unterlage und legt die Arme entspannt neben dem Körper ab. Seine Handflächen zeigen nach oben. Geben Sie dem Kind Zeit, einige Male ganz langsam und bewusst ein- und auszuatmen. Dann erzählen Sie ihm langsam und mit ruhiger Stimme eine Geschichte, die Sie mit passenden Berührungen begleiten:

- »Es ist Frühling und die Sonne scheint.« (Malen Sie mit dem Finger auf den Rücken Ihres Kindes eine Sonne.)
- »Auf der grünen Wiese wiegen sich die Grashalme im Wind.« (Streichen Sie mit der Handfläche sanft den Rücken des Kindes auf und ab.)
- »Die Ameisen kommen aus ihrem Bau gekrochen.« (Trippeln Sie mit den Fingern über die Beine, um eine Ameisenstraße anzudeuten.)
- »Die Bienen setzen sich auf die Blumenblüten und sammeln Nektar.« (Berühren Sie mit einem Finger mehrmals abwechselnd die Handflächen des Kindes.)
- »Oben auf dem Baum hat ein Vogel sein Nest gebaut.« (Bilden Sie mit den Fingern einer Hand einen Kreis und setzen Sie die Fingerspitzen sanft auf dem Kopf Ihres Kindes ab.)
- »Plötzlich zieht ein Gewitter auf. Ein Blitz zuckt über den Himmel.« (Ziehen Sie mit dem Finger eine Zickzacklinie über den Rücken.)
- »Dicke Regentropfen fallen auf die Wiese.« (Trommeln Sie mit den Fingerspitzen über den ganzen Körper.)
- »Endlich hört es auf zu regnen. Die Sonne kommt wieder heraus und das Gras trocknet.« (Ihre beiden Handflächen beschreiben auf dem Rücken des Kindes große Kreise.)

Teil 3
Was Eltern für sich selbst tun können

I. Auf die eigenen Bedürfnisse und Gefühle achten

Erziehung ist an sich schon eine anspruchsvolle Aufgabe – umso mehr, wenn das Kind mit einem schwierigen Verhalten erhöhte Anforderungen an das erzieherische Geschick der Eltern stellt. Trotzdem sollten Sie nicht zu viel von sich fordern und die eigenen Bedürfnisse nicht hinter denen Ihres Kindes zurückstellen. Auch Eltern sind nur Menschen, auch sie brauchen manchmal ein Ventil, um angestaute Gefühle loszuwerden und emotional wieder ins Lot zu kommen.

Verlangen Sie nicht zu viel von sich

Stellen Sie grundsätzlich nicht den Anspruch an sich, immer perfekt zu sein. Niemand schafft es, sich stets geduldig, verständnisvoll und ausgeglichen zu geben. Wenn Sie das von sich verlangen, setzen Sie sich selbst unter Druck, mit dem Ergebnis, dass Sie Ihren Ansprüchen – und damit Ihrer Elternaufgabe – noch weniger gewachsen sind, als Sie sich das wünschen.

Vor allem Mütter leiden häufig unter der Belastung, sich für alles zuständig zu fühlen. Wenn die Kinder streiten, sehen sie es als ihre Verpflichtung an, schlichtend einzugreifen. Wenn sich Nachbarn, Erzieherinnen oder Lehrer über den Nachwuchs beschweren, sind gewöhnlich sie die Adressatinnen, die dazu Rede und Antwort stehen. Auch die Verantwortung, dass in Haushalt und Familienalltag alles geregelt verläuft, ruht meist auf ihren Schultern. Viele Mütter empfinden das als große Belastung. Sie sollten daher versuchen, Aufgaben zu delegieren.

Sprechen Sie sich so weit wie möglich mit Ihrem Partner und anderen Personen ab, die Sie bei Ihren Aufgaben unterstützen können. Achten Sie dabei darauf, dass Sie auf Lamentieren und Vorwürfe verzichten, etwa in diesem Stil: »Immer muss ich alles machen!« – »Läuft denn gar nichts ohne mich?« – »Du könntest auch mal was tun!« Damit verärgern Sie Ihr Gegenüber nur und bewirken nichts.

Am ehesten wird es Ihnen gelingen, die Kooperation Ihres Partners, Ihrer Partnerin zu gewinnen, wenn Sie klar Ihre Wünsche und Bedürfnisse äußern: »Ich brauche deine Unterstützung.« – »Ich schaffe das nicht allein, bitte hilf mir!« Benennen Sie dazu konkret die Aufgabe(n), um die es geht.

Der Umgang mit Kritik

Nicht nur der Familienalltag mit einem Kind, dessen Aggressionen zuweilen überschießen, kostet Eltern eine Menge Kraft. Zu allem Überfluss haben sie es außerdem oft mit anderen Erwachsenen zu tun, die ihnen mit bevormundender Kritik das Leben schwer machen: »Du lässt dich von deinem Kind ganz schön tyrannisieren!« – »Wenn du deinem Sprössling alles durchgehen lässt, hast du ihn bald gar nicht mehr im Griff!«

Vielleicht ist an dieser Kritik ja etwas dran; das sollten Sie in jedem Fall prüfen. Doch selbst wenn Sie die Bemerkung als ungerechtfertigt empfinden, sollten Sie nicht dem Wunsch nachgeben, sich zu rechtfertigen. Das kostet Sie nur unnötig Energie und fruchtet meist wenig.

Versuchen Sie stattdessen, Ihren Ärger loszulassen, und holen Sie Ihr Gegenüber aus der bequemen Kritikerposition, indem Sie nach seiner Meinung fragen: »Du hast anscheinend schon eine Idee, was ich anders machen könnte. Kannst du sie mir verraten?« Wenn Sie es schaffen, Ihre Frage in einem Tonfall zu äußern, der frei ist von Ironie, Empörung oder Streitlust, haben Sie gute Chancen auf eine konstruktive Fortsetzung des Gesprächs. Und es könnte sein, dass Sie dabei tatsächlich nützliche Anregungen bekommen.

Wohin mit der eigenen Wut?

Und was tun, wenn Ihr Kind Sie trotz Ihrer besten Bemühungen einmal mit seiner Wut derart ansteckt, dass Sie nur noch rotsehen? Dann brauchen auch Sie ein geeignetes Ventil, um Dampf abzulassen und innerlich wieder ins Lot zu kommen.

Gehen Sie als Erstes auf Distanz zu Ihrem Kind – aus Vorsicht! Denn wenn Sie ihm im Zorn zu nahe kommen und es womöglich anfassen, um es »zur Raison zu bringen«, besteht die Gefahr, dass Sie es körperlich oder seelisch verletzen.

Genau wie für Ihr Kind ist für Sie selbst Bewegung wichtig, um Spannungen abzubauen. Am besten gehen Sie dazu an die frische Luft, wo Sie kräftig ausschreiten und – sofern Sie ungestört sind – Ihren Zorn hinausschreien können. Falls das nicht möglich ist, weil Ihr Kind nicht unbeaufsichtigt bleiben kann, können Sie sich im Haus bewegen und beispielsweise die Treppe oder den Flur auf und ab laufen.

Ebenso können Sie in ein anderes Zimmer gehen und die Tür hinter sich zumachen. Versuchen Sie, mit einer Atemübung (siehe Übung 11 und 12 auf den folgenden Seiten) zu entspannen.

Falls Ihr Kind noch kleiner ist, sollten Sie es kurz darüber informieren, warum Sie sich zurückziehen, damit es nicht in Panik gerät: »Ich möchte jetzt eine Weile allein sein, bis ich mich beruhigt habe. Dann komme ich wieder.«

Lesen Sie dazu auch die Tipps in Kapitel 3 »Ihr persönlicher Notfallplan«.

2. Entspannen und innere Stärke gewinnen

Bei akutem Stress und Zorn können Ihnen auch die nachfolgenden Entspannungsübungen 11 bis 14 helfen, Ihre überschießenden Gefühle in den Griff zu bekommen und sich zu beruhigen. Die Übungen 15 bis 21 sind dagegen eher für eine längerfristige Anwendung vorgesehen; sie helfen Ihnen, mit der Zeit gelassener und stressresistenter zu werden.[18]

Übung 10: Ärger wegpusten

Sie setzen sich auf einen Stuhl, schließen die Augen, richten den Oberkörper auf und legen die Hände auf den Bauch.

- Atmen Sie zunächst einmal durch die Nase ein und aus. Nach dem nächsten Einatmen pusten Sie durch einen dünnen Spalt zwischen den Lippen kräftig und deutlich hörbar die Luft aus Ihren Lungen: »pfffff«.
- Wiederholen Sie das Einatmen durch die Nase und das Ausatmen auf »pfffff« und stellen Sie sich dabei vor, dass Sie allen Ärger aus Ihrem Körper heraus und in einen Luftballon hinein pusten.
- Setzen Sie die Übung so lange fort, bis es Ihrem Gefühl nach genug ist. Zum Schluss verknoten Sie den imaginären Luftballon und lassen Sie ihn wegfliegen.

Bei Stress und Ärger hilft Ihnen diese Übung, Wut im Bauch und innere Anspannung loszuwerden. Durch die verstärkte Ausatmung sinkt außerdem der Kohlensäuregehalt im Blut und Ihr Körper wird entsäuert – mit dem Effekt, dass Sie sich tatsächlich kaum mehr »sauer« fühlen.

Übung 11: Verlängerte Ausatmung

Sie nehmen bequem auf einem Stuhl Platz und setzen die Fußsohlen auf dem Boden auf. Ihre Handflächen legen Sie auf die Oberschenkel und schließen dann die Augen.

- Atmen Sie zunächst zwei bis drei Mal ganz normal ein und aus wie bisher.
- Dann atmen Sie erneut auf ganz normale Weise ein, und bei der anschließenden Ausatmung achten Sie bewusst darauf, dass das Ausatmen mindestens doppelt so lange dauert wie das Einatmen.
- Lassen Sie dann eine kurze Pause eintreten, bevor Sie mit dem nächsten Atemzug erneut Luft holen und anschließend in gleicher Weise verlängert ausatmen.
- Führen Sie die Übung zwei bis drei Minuten lang durch. Danach dehnen und strecken Sie Ihre Gliedmaßen und öffnen Sie die Augen.

Besonders in Stresssituationen ist diese Übung sehr zu empfehlen. Sie hilft, akuten Stress und Anspannung abzubauen und zu innerer Gelassenheit zurückzufinden.

Übung 12: Bewusst innehalten

In Stresssituationen hilft Ihnen die folgende Achtsamkeitsübung, den Druck herauszunehmen.

- Unterbrechen Sie Ihre aktuelle Tätigkeit, indem Sie sich aufrecht hinstellen, die Augen schließen und in Gedanken ein klares, nachdrückliches »Stopp« formulieren.
- Atmen Sie ruhig weiter und horchen Sie in sich hinein. Achten Sie etwa eine halbe bis ganze Minute nur darauf, wie Sie sich fühlen, ohne diese Gefühle zu bewerten.
- Anschließend nehmen Sie Ihre Tätigkeit wieder auf.

Wenn Sie diese Übung mehrmals täglich durchführen, werden Sie merken, dass Sie im Laufe der Zeit achtsamer mit sich selbst umgehen.

Übung 13: Lächeln und summen

Wann immer Sie im Alltag schlechte Laune verspüren, hilft die folgende Übung, Ihre Stimmung aufzuhellen. Sie können sie in jeder beliebigen Position – im Sitzen, Stehen, Liegen – durchführen.

– Öffnen Sie leicht den Mund und lockern Sie den Unterkiefer, indem Sie ihn einige Male nach links und rechts bewegen. Achten Sie darauf, dass Ihre Zunge entspannt ist.

– Weiten Sie nun Ihre Gesichtsmuskeln und machen Sie ein Gesicht, als wären Sie freudig überrascht. Heben Sie die Mundwinkel zu einem Lächeln.

– Beginnen Sie leise eine Melodie zu summen und ziehen Sie die Mundwinkel noch ein wenig weiter nach oben. Summen und lächeln Sie etwa drei Minuten lang.

Diese Übung harmonisiert nicht nur die Atmung und entspannt das Gesicht, sondern heitert auch die Stimmung auf, weil bei anhaltendem Lächeln Glückshormone im Körper freigesetzt werden.

Übung 14: Über sich selbst hinauswachsen

Zur Vorbereitung werfen Sie einen prüfenden Blick in den Spiegel: Welche Haltung nehmen Sie ein? Stehen Sie aufrecht und richten Sie den Blick nach vorn, oder sind Kopf und Schultern eingezogen?

– Heben Sie nun den Kopf und richten Sie sich ganz bewusst auf. Stellen Sie sich vor, Sie würden langsam größer werden, immer größer, bis Sie mit Ihrer Riesengestalt alle anderen überragen.

– Durch die aufrechte Haltung wird Ihre Atmung automatisch tiefer. Sie spüren, wie der Atem Ihre Lungen und den gesamten Bauchraum ausfüllt.

Wenn Sie diese Übung regelmäßig machen, werden Sie feststellen, dass Sie mit der Zeit selbstbewusster auftreten und in schwierigen Situationen souveräner reagieren können.

Übung 15: Hier stehe ich

Sie ziehen Ihre Schuhe aus und stellen sich aufrecht hin. Ihr Körpergewicht ist gleichmäßig auf beide Beine verteilt, die Knie sind leicht gebeugt, Ihre Fußsohlen haben guten Kontakt zum Boden.

– Holen Sie nun ganz normal Luft, dann schließen Sie die Lippen, sodass beim Ausatmen die Luft nur durch einen ganz dünnen Spalt entweichen kann. Lassen Sie sich etwa zehn Sekunden Zeit zum Ausatmen.

– Holen Sie erneut Luft, diesmal ohne danach die Lippen zu schließen. Atmen Sie erneut zehn Sekunden lang aus und richten Sie dabei Ihre Gedanken auf Ihre Füße. Stellen Sie sich vor, diese seien fest im Boden verankert. Sie stehen völlig stabil da, nichts kann Sie umwerfen.

– Nach dem nächsten Einatmen stellen Sie sich vor, an Ihrem Scheitel sei eine Schnur befestigt, die Sie nach oben zieht und dabei Ihren Körper streckt, bis er ganz aufgerichtet ist. Atmen Sie auch diesmal etwa zehn Sekunden lang aus.

Diese Übung hilft Ihnen, innere Festigkeit zu erlangen, sodass Sie bei Auseinandersetzungen (z. B. mit Ihrem Kind) entschlossen reagieren und Ihren Standpunkt unbeirrt vertreten können.

Übung 16: Stabil auf einem Bein I

Sie stellen sich aufrecht hin und fixieren mit dem Blick einen Punkt an der Wand auf Augenhöhe. Währenddessen atmen Sie einige Male ruhig ein und aus.

– Beim nächsten Atemzug strecken Sie den linken Arm seitlich in eine waagrechte Position und heben gleichzeitig das rechte Bein seitlich gestreckt vom Boden ab, so hoch Sie können, sodass Sie nur mehr auf dem linken Bein stehen.

– Atmen Sie in diesem Einbeinstand einige Male ruhig ein und aus. Fixieren Sie dabei ständig den Punkt an der Wand.

– Beim Ausatmen gehen Sie zurück in die Ausgangsposition.

– Beim nächsten Einatmen wechseln Sie die Seite und heben nun den rechten Arm und das linke Bein seitlich ab.

– Wiederholen Sie die Übung im Rhythmus Ihrer Atmung so lange, bis Sie merken, dass Sie sich innerlich ruhig und gefestigt fühlen.

Mit dieser Übung lernen Sie, nicht nur körperlich, sondern auch seelisch die Balance zu halten und dadurch Stresssituationen gelassener und sicherer zu meistern.

Übung 17: Stabil auf einem Bein II

Wieder stehen Sie aufrecht und fixieren einen Punkt an der Wand auf Augenhöhe. Atmen Sie einige Male ruhig ein und aus.

– Beim nächsten Atemzug verlagern Sie Ihr Körpergewicht auf das linke Bein. Dann winkeln Sie das rechte Bein an und heben es vor Ihrem Körper so weit nach oben, dass Sie mit den Händen das Schienbein umfassen können. Achten Sie darauf, dass Ihr Rücken gerade bleibt.

– Versuchen Sie, in dieser Position so lange wie möglich das Gleichgewicht zu halten. Behalten Sie den Fixpunkt an der Wand im Auge und atmen Sie ruhig weiter.

– Wenn Sie das Gefühl haben, stabil und sicher auf dem linken Bein zu stehen, beugen Sie den Kopf und berühren mit Ihrer Nase das rechte Knie.

– Sobald Ihre Position wackelig wird, richten Sie sich wieder auf und fixieren den Punkt an der Wand.

– Nach einigen Atemzügen kommen Sie in die Ausgangsposition zurück.

– Wiederholen Sie die Übung danach mit dem anderen Bein.

Diese Übung stellt hohe Anforderungen an Ihren Gleichgewichtssinn und stabilisiert umso wirksamer Ihre seelische Balance.

Übung 18: Ein Problem versenken

Sie setzen sich bequem auf einen Stuhl, schließen die Augen und richten Ihre Aufmerksamkeit für eine Weile nur auf Ihren Atem, der ruhig und gleichmäßig fließt.

- Denken Sie nun an eine problematische Reaktion, die Sie typischerweise in Konfliktsituationen zeigen und nicht steuern können, etwa dass Sie Ihr Kind ausschimpfen oder zu schreien anfangen.
- Stellen Sie sich dieses Problem als einen schweren Gegenstand vor, zum Beispiel als Hammer oder großen Stein.
- Legen Sie den Gegenstand in eine Kiste und nageln Sie sie zu. Dann fahren Sie in Gedanken mit einem Schiff aufs Meer hinaus und werfen die Kiste über Bord.
- Kehren Sie in Gedanken an Land zurück und machen Sie sich bewusst: Ihr Problem ruht auf dem Meeresgrund, es kann Ihnen nichts mehr anhaben.

Diese Übung kann Ihnen helfen, sich von unliebsamen Reaktionsweisen zu befreien, die in Stresssituationen die Atmosphäre zusätzlich aufheizen.

Übung 19: Den Platz eines Vorbilds einnehmen

Sie setzen sich bequem auf einen Stuhl und schließen die Augen. Ihr Atem fließt ruhig und gleichmäßig.
- Denken Sie kurz an eine Situation, die Sie vor Kurzem belastet hat, beispielsweise eine heftige Auseinandersetzung mit Ihrem Kind.
- Nun denken Sie intensiv an eine Person, die Sie als besonders ruhig, entspannt und gelassen kennengelernt haben. Stellen Sie sich vor, wie diese Person in einer ähnlichen Konfliktsituation reagiert.
- Nachdem die Vorstellung in Ihrem Kopf ganz deutlich geworden ist, verlassen Sie Ihren Platz: Sie gehen in Gedanken ganz langsam auf die andere Person zu, bis Sie quasi mit ihr verschmolzen sind.
- Nehmen Sie nun wahr, wie sich langsam in Ihnen ein Gefühl von Ruhe und Entspannung ausbreitet, das Sie dazu befähigt, einer Konfliktsituation souverän und gelassen zu begegnen.

Sie sollten diese Übung einige Wochen lang täglich durchführen. Das hilft Ihnen, in Stresssituationen, in denen Sie bisher allzu leicht aus der Fassung geraten sind, zunehmend ruhig und gelassen zu reagieren.

Übung 20: Den Blick nach vorn richten

Sie stellen sich aufrecht hin, schließen die Augen und achten zunächst nur darauf, dass Ihr Atem ruhig und gleichmäßig fließt.

- Vergegenwärtigen Sie sich eine Situation, die Ihnen Sorge macht, z. B. dass Sie kürzlich bei einem Wutausbruch Ihres Kindes selbst ausgerastet sind, Ihr Kind dabei gedemütigt und verletzt haben und nun befürchten, so etwas könnte erneut passieren.

- Und nun stellen Sie sich vor, wie Sie die Situation beim nächsten Mal erfolgreich meistern, indem es Ihnen gelingt, dem Verhalten Ihres Kindes souverän zu begegnen und seine aggressive Energie in konstruktive Bahnen zu lenken. Stellen Sie sich dieses Erfolgserlebnis so lebendig und anschaulich wie möglich vor, genießen Sie es und freuen Sie sich darüber, als wäre dieses Ereignis schon eingetreten. ·

Wenn Sie diese Übung über längere Zeit täglich drei Minuten lang durchführen, verbessert das Ihre Aussichten, in Stresssituationen künftig souveräner und gelassener zu handeln.

3. Ihr persönlicher Notfallplan

Weil Wut- und Konfliktszenen in der Familie oft unvorhergesehen auftreten, haben Sie in der Akutsituation kaum Zeit zu überlegen, wie Sie sinnvoll reagieren können. Um das Risiko zu mindern, dass Sie selbst in Zorn geraten und die Wut an Ihrem Kind auslassen, sollten Sie sich einen Notfallplan zurechtlegen, der z. B. so aussehen kann:

- Sobald Sie merken, dass Wut auf Ihr Kind in Ihnen hochkocht, formulieren Sie in Gedanken ein deutliches »Stopp!«.
- Gehen Sie auf Distanz zu Ihrem Kind und suchen Sie einen Ort auf, an dem Sie ungestört sind, sei es im Freien oder in einem separaten Zimmer.
- Um akute Spannungen abzubauen, hilft Ihnen als Erstes Bewegung: zügig gehen, laufen oder Treppen steigen.
- Anschließend kann Ihnen eine Atemübung (siehe Übung 11 und 12) helfen, zur Ruhe zu kommen.
- Nehmen Sie sich danach, wenn möglich, noch Zeit für eine mentale Übung: Überlegen Sie, welche Eigenschaften Sie an Ihrem Sohn oder Ihrer Tochter besonders schätzen, und sagen Sie das laut zu Ihrem Kind, das in Ihren Gedanken vor Ihnen steht: »Ich mag an dir …« Nun können Sie die Auszeit beenden und Ihrem Kind wieder gefasst gegenübertreten.

Diesen Plan können Sie beliebig variieren, bis er optimal zu Ihren individuellen Bedürfnissen passt. Jedes Mal, wenn der Plan erfolgreich war, notieren Sie das in einem Kalender oder Notizheft. Jeder Eintrag gibt Ihnen dann aufs Neue die motivierende Bestätigung, dass Sie Wutsituationen meistern können.

Anmerkungen

1 Juul, Jesper (2013): Aggression. Warum sie für uns und unsere Kinder notwendig ist. S. Fischer, Frankfurt am Main, S. 10.
2 Vgl. Ekman, Paul (2004): Gefühle lesen. Wie Sie Emotionen erkennen und richtig interpretieren. Elsevier, München.
3 Vgl. Penthin, Rüdiger (2010): Wenn Kinder um sich schlagen. Trotz, Wut und Gewalt bei Kindern und Jugendlichen. Kösel, München.
4 Vgl. Maslow, Abraham H. (1981): Motivation und Persönlichkeit. 12. Aufl. Rowohlt, Reinbek bei Hamburg.
5 Vgl. Michael Matzner / Wolfgang Tischner (Hg.) (2012): Handbuch Jungen-Pädagogik. 2. erw. Aufl. Beltz, Weinheim.
6 Vgl. Steinberg, Laurence u. a.: Are Adolescents Less Mature than Adults? In: American Psychologist, Oktober 2009, S. 583–594.
7 www.effekt-training.de.
8 Vgl. Goleman, Daniel (2007): Emotionale Intelligenz. 19. Aufl. dtv, München.
9 Vgl. Shakira F. Suglia / Sara Solnick / David Hemenway: Soft Drinks Consumption is Associated with Behavior Problems in 5-Years-Olds. In: The Journal of Pediatrics 163.5, S. 1323–1328.
10 Vgl. Bateman, B. u. a.: The effects of a double blind, placebo controlled, artificial food colourings and benzoate preservative challenge on hyperactivity in a general population sample of preschool children. In: Arch Dis Child 89, 2004, S. 506–511.
11 Spitzer, Manfred (2005): Vorsicht, Bildschirm! Elektronische Medien, Gehirnentwicklung, Gesundheit und Gesellschaft. Klett, Stuttgart, S. 162 ff. und S. 218.
12 Vgl. Juul: Aggression.
13 Furman, Ben (2008): Ich schaffs! Spielerisch und praktisch Lösungen mit Kindern finden – Das 15-Schritte-Programm für Eltern, Erzieher und Therapeuten. Carl-Auer, Heidelberg.
14 Vgl. ders. (2012): Gut gemacht! Das »Ich schaffs!«-Programm für Eltern und andere Erzieher. Carl-Auer, Heidelberg
15 Lantieri, Linda / Daniel Goleman (2009): Emotionale Intelligenz für Kinder und Jugendliche. Ein Übungsprogramm, um innere Stärke aufzubauen. Mit CD. Goldmann, München.
16 Ein Teil dieser Spielanleitungen wurde (in abgewandelter Form) aus

folgenden Quellen übernommen: Bartoli y Eckert, Petra / Tsalos-Fürter, Ellen (2011): Weg mit der Wut! 101 Spiele zur Konflikt- und Gefühlsbewältigung. Verlag an der Ruhr, Mülheim; Stamer-Brandt, Petra (2010): Wut-weg-Spiele. Herder, Freiburg im Breisgau.

17 Ein Teil dieser Übungen wurde (in abgewandelter Form) aus folgender Quelle übernommen: Zimmer, Renate (2013): Erleben, bewegen, entspannen. Wie Kinder zur Ruhe finden. Herder, Freiburg im Breisgau.

18 Ein Teil dieser Übungen wurde (in abgewandelter Form) aus folgenden Quellen übernommen: Salbert, Ursula (2010): Ruhe-Inseln für ErzieherInnen. Ökotopia, Münster; Sonntag, Robert (2009): Blitzschnell entspannt. 100 verblüffend leichte Wege, stressige Alltagssituationen zu bewältigen. Mit CD. Trias, Stuttgart.

Weiterführende Literatur

Bartoli y Eckert, Petra / Tsalos-Fürter, Ellen (2011): Weg mit der Wut! 101 Spiele zur Konflikt- und Gefühlsbewältigung. Verlag an der Ruhr, Mülheim.

Bartram, Angelika / Rogge, Jan-Uwe (2007): Kleine Helden – Riesenwut. Geschichten, die stark machen. Rowohlt TB, Reinbek bei Hamburg.

Cierpka, Manfred (2005): FAUSTLOS. Wie Kinder Konflikte gewaltfrei lösen lernen. Herder, Freiburg im Breisgau.

Erkert, Andrea (2003): Spiele zum Abbau von Aggressivität. Don Bosco, München.

Eugster, Gabi (2007): Kinderernährung gesund und richtig. Expertenwissen und Tipps für den Essalltag. Urban & Fischer, München.

Furman, Ben (2012): Gut gemacht! Das »Ich schaffs!«-Programm für Eltern und andere Erzieher. Carl Auer, Heidelberg.

Günther, Sybille (2010): Das Wahrnehmungsspielebuch. Über 250 praxiserprobte Wahrnehmungsspiele für alle Gelegenheiten, für jedes Alter. Ökotopia, Münster.

Juul, Jesper (2013): Aggression. Warum sie für uns und unsere Kinder notwendig ist. S. Fischer, Frankfurt am Main.

Koch, Marianne (2007): Die Gesundheit unserer Kinder. Was Sie über die körperliche und geistige Entwicklung wissen sollten. dtv, München.

Krowatschek, Dieter (2009): Wut. Wie Sie mit Aggressionen Ihres Kindes umgehen. Neuausgabe. Patmos, Düsseldorf.

Lantieri, Linda / Goleman, Daniel (2009): Emotionale Intelligenz für Kinder und Jugendliche. Ein Übungsprogramm, um innere Stärke aufzubauen. Mit CD. Goldmann, München.

Oftring, Bärbel (2010): Nix wie raus! 111-mal Natur entdecken und erleben. Franckh-Kosmos, Stuttgart.

Pantley, Elizabeth (2012): Erziehen ohne Frust und Tränen. Das liebevolle Elternbuch. Trias, Stuttgart.

Portmann, Rosemarie (2004): Spiele zum Umgang mit Aggressionen. Don Bosco, München.

Rogge, Jan-Uwe (2005): Wut tut gut. Warum Kinder aggressiv sein dürfen. Rowohlt TB, Reinbek bei Hamburg.

Rogge, Jan-Uwe (2008): Das neue Kinder brauchen Grenzen. Rowohlt TB, Reinbek bei Hamburg.

Rumpf, Joachim (2002): Schreien, schlagen, zerstören. Mit aggressiven Kindern umgehen. Ernst Reinhardt, München.

Salbert, Ursula (2010): Ruhe-Inseln für ErzieherInnen. Ökotopia, Münster.

Schäfer, Christa D. (Hg.) (2007): Kommunikations- und Konfliktmanagement für Eltern. Tipps und praktische Übungen für den Alltag. Schneider Verlag Hohengehren, Baltmannsweiler.

Sonntag, Robert (2009): Blitzschnell entspannt. 100 verblüffend leichte Wege, stressige Alltagssituationen zu bewältigen. Mit CD. Trias, Stuttgart.

Stamer-Brandt, Petra (2010): Wut-weg-Spiele. Herder, Freiburg im Breisgau.

Steininger, Rita (2006): Eltern lösen Konflikte. So gelingt Kommunikation in und außerhalb der Familie. Klett-Cotta, Stuttgart.

Steininger, Rita (2011): Ihr seid alle so gemein! Eltern lösen Konflikte mit Kindern. Herder, Freiburg im Breisgau.

Steininger, Rita (2013): Kinder lernen mit allen Sinnen. Wahrnehmung im Alltag fördern. 3. Aufl. Klett-Cotta, Stuttgart.

Steininger, Rita (2014): Das Einmaleins des fairen Streitens. Wie Sie Konflikte mit Ihren Kindern konstruktiv lösen. Patmos, Ostfildern.

Stöhr-Mäschl, Doris (2008): Ruhe tut gut. Fantasiereisen, Bewegungs- und Entspannungsübungen für Kinder. Verlag an der Ruhr, Mülheim.

Vopel, Klaus W. (2008): Kinder ohne Stress. Reise mit dem Atem. Iskopress, Hamburg.

Zimmer, Renate (2006): Kinder brauchen Selbstvertrauen. Bewegungsspiele, die klug und stark machen. Herder, Freiburg im Breisgau.

Zimmer, Renate (2013): Erleben, bewegen, entspannen. Wie Kinder zur Ruhe finden. Herder, Freiburg im Breisgau.

Adressen

Adressen von Institutionen

Deutschland

Arbeitskreis Neue Erziehung e.V.
Hasenheide 54
10967 Berlin
www.ane.de

Bundeskonferenz für Erziehungs-
beratung e.V.
Herrnstraße 53
90763 Fürth
www.bke.de

Die Deutsche Liga für das Kind
Charlottenstr. 65
10117 Berlin
www.liga-kind.de

Deutscher Kinderschutzbund
Bundesverband e. V.
Bundesgeschäftsstelle
Schöneberger Str. 15
10963 Berlin
www.dksb.de

Nummer gegen Kummer e.V.
Hofkamp 108
42103 Wuppertal
Elterntelefon: 0800-111 0 550
Kinder- und Jugendtelefon:
116 111 oder 0800-111 0 333
www.nummergegenkummer.de

Verband alleinerziehender Mütter
und Väter
Bundesverband e.V.
Hasenheide 70
10967 Berlin
www.vamv.de

Österreich

Elternwerkstatt
Verein im Dienst von Kindern,
Eltern und PädagogInnen
Altmannsdorfer Str. 172/31/2
1230 Wien
www.elternwerkstatt.at

Schweiz

Elternnotruf Zürich
Weinbergstr. 135
8006 Zürich
Telefonberatung: 0848-354 555
www.elternnotruf.ch

Links

www.barfusspark.info
Adressen von Barfußparks in
Deutschland, Österreich und der
Schweiz.

www.dsj.de
Die Deutsche Sportjugend, der
größte freie Träger der Kinder-
und Jugendhilfe in Deutschland,
hat das Ziel, junge Menschen
durch Sport in ihrer Persönlich-
keitsentwicklung zu fördern.

www.eltern-bildung.at
Informationen des österreichi-
schen Bundesministeriums
für Familien und Jugend zu
Erziehungsfragen.

www.effekt-training.de
Informationen über das
EFFEKT®-Fördertraining zur
Verbesserung des Sozialverhaltens
von Kindern.

www.fke-do.de
Das Forschungsinstitut für Kinderernährung Dortmund versteht
sich als Schnittstelle zwischen
Forschung und Praxis im Bereich
der Kinderernährung in Deutschland.

www.ichschaffs.com
Informationen über das lösungs-
fokussierte Lernprogramm »Ich
schaffs®«, das Kindern und Jugendlichen hilft, schwieriges Verhalten abzulegen und neue Fähigkeiten zu entwickeln.

www.faustlos.de
Informationen über das Gewalt-
präventionsprogramm »Faustlos«
für Schulen und Kindergärten.

www.mediengewalt.de
Umfangreiche Linksammlung
zum Thema Gewalt in den
Medien und ihre Auswirkung
auf Kinder und Jugendliche.

www.schau-hin.info
Hier bekommen Eltern Tipps,
wie sie ihre Kinder zum sinnvollen Umgang mit Medien anleiten
können.

www.starkeeltern-starkekinder.de
Ein Elternkurs des Deutschen
Kinderschutzbundes zu gewalt-
freier Erziehung und konstrukti-
ver Konfliktbewältigung.

Verzeichnis der Spiele und Übungen

Spiele, die auf Gefühle eingehen

Spiele gegen Wut

Bewegungsspiele

Spiele für die Sinneswahrnehmung

Entspannungsübungen für Kinder

Entspannungsübungen für Eltern

Dank

Danken möchte ich Sylvia Englert und Bärbel Girardin, die mir als Testleserinnen und erfahrene Mütter wertvolles Feedback zum Manuskript geliefert haben, der Mediatorin Christa D. Schäfer, die mir die Bedeutung des Themas »Gefühle verstehen« nahegebracht hat, und der Heilpraktikerin Lorella Sbardellotto für ihre Hinweise zu gesunder Ernährung. Meinen beiden inzwischen erwachsenen Söhnen danke ich für ihr Feedback zum Thema »Geschwisterstreit«, das mir im Rückblick auf unseren Familienalltag noch interessante Einsichten beschert hat. Herzlichen Dank auch an Dr. Christiane Neuen vom Patmos Verlag für die Idee zu diesem Buch und für die wunderbare Zusammenarbeit.